FANDIANXIN
WANGLUO ZHAPIANFA
ANLI ZHIYIN

反电信网络诈骗法案例指引

中国法制出版社
CHINA LEGAL PUBLISHING HOUSE

编辑说明

信息化时代，电信网络给人们的工作和生活带来极大便利。但是，不少犯罪分子利用新型电信网络技术手段，进行违法犯罪活动。时有犯罪分子，利用非法获取的个人信息、网络黑灰色产业交易等实施精准诈骗，组织化、链条化运作，跨境跨地域实施犯罪活动，严重危害公民财产利益与社会和谐稳定。

2022年9月2日第十三届全国人民代表大会常务委员会第三十六次会议通过了《中华人民共和国反电信网络诈骗法》，本法立足综合治理、源头治理和依法治理，侧重前端防范，对实践中迫切需要的制度安排作出规定，从法律制度层面筑起反电信网络诈骗防护网，对于维护社会安定和经济社会发展意义重大。

反电信网络诈骗法共7章50条，包括总则、电信治理、金融治理、互联网治理、综合措施、法律责任、附则。反电信网络诈骗法规定了各部门职责、企业职责和地方政府职责，明确有关部门、单位在反电信网络诈骗工作中应当密切协作，实现跨行业、跨地域协同配合、快速联动，加强专业队伍建设，有效打击治理电信网络诈骗活动。

反电信网络诈骗法有诸多亮点，如明确规定电信业务经营者应当依法全面落实电话用户真实身份信息登记制度。银行业金融机构、非银行支付机构为客户开立银行账户、支付账户及提供支付结算服务时，以及与客户业务关系存续期间，应当建立客户尽职调查制度，依法识别受益所有人，采取相应风险管理措施，防范银行账户、支付账户等被用于电信网络诈骗活动。

反电信网络诈骗法还规定，办理电话卡不得超出国家有关规定限制的数量。对经识别存在异常办卡情形的，电信业务经营者有权加强核查或者拒绝办卡。开立银行账户、支付账户，不得超出国家有关规定限制的数量。对经识别存在异常开户情形的，银行业金融机构、非银行支付机构有权加强核查或者拒绝开户。

本书具有以下特色：

1. 结构合理。紧密围绕《中华人民共和国反电信网络诈骗法》，以该法的章节结构为体系，将相关案例归纳到对应章节中，清晰地展现全书逻辑结构。

2. 精选案例。第一，在案例的选取上，重点选取了最高人民法院、最高人民检察院发布的指导性案例，最高人民法院公报案例，最高人民法院或最高人民检察院与国家网信办发布的典型案例，以及从中国裁判文书网精心选取的案例，并分别设置了“指导性案例”“典型案例”“相关案例”三个版块与之对应，突出体现了案例的典型性和实务指导性。第二，为清晰展现案例全貌，我们保留了指导性案例、公报案例和典型案例的原貌，仅在适当隐名处理及规范性方面对个别需要统一的地方进行了统一。同时，对从中国裁判文书网选取的案例，为了更好地帮助读者抓住案例关键内容，将这部分文书分为了“基本案情”和“法院裁判”。

3. 内容务实。收录了常见的与电信网络诈骗犯罪活动相关的典型案例，涉及电信治理、金融治理、互联网治理、综合措施等方面。本书不仅适合作为《中华人民共和国反电信网络诈骗法》普法的参考读本，也适合作为个人反电信网络诈骗的法律指南，让您在生动真实的案例中获得法律指导以及提升对电信网络诈骗的辨别力。

目　录

附录二

第一章　总　则

典型案例

1. 被告人易某锋、连某仁等三十八人诈骗、组织他人偷越国境、偷越国境、帮助信息网络犯罪活动、掩饰、隐瞒犯罪所得案[①]

【基本案情】

被告人易某锋在缅甸创建“远峰集团”，采取公司化运作模式，编写话术剧本，开展业务培训，配备作案工具，制定奖惩制度，形成组织严密、结构完整的犯罪集团。易某锋作为诈骗犯罪集团的“老板”，组织、领导该集团实施跨国电信网络诈骗，纠集被告人连某仁加入该集团并逐步成为负责人，二人系诈骗集团的首要分子。被告人林某兴担任主管，负责管理组长，进行业务培训指导；被告人闫某、伏某杰、秦某、黄某权

---

① 《人民法院依法惩治电信网络诈骗犯罪及其关联犯罪典型案例》，载最高人民法院网站，https：//www. court. gov. cn/zixun - xiangqing - 371131. html，2022 年 10 月 17 日访问。

等人担任代理或组长，招募管理组员并督促、指导组员实施诈骗；被告人易某锋为实施诈骗提供技术支持。2018 年 8 月至 2019 年 12 月，该集团先后招募、拉拢多名中国公民频繁偷越国境，往返我国和缅甸之间，用网络社交软件海量添加好友后，通过“杀猪盘”诈骗手段诈骗 81 名被害人钱财共计 1820 余万元。

【裁判结果】

本案由江西省抚州市中级人民法院一审，江西省高级人民法院二审。现已发生法律效力。

法院认为，以被告人易某锋、连某仁为首的犯罪集团以非法占有为目的，采取虚构事实、隐瞒真相的方法，骗取他人财物，数额特别巨大，其行为均已构成诈骗罪。易某锋、连某仁还多次组织他人偷越国境，并偷越国境，其行为又构成组织他人偷越国境罪、偷越国境罪。易某锋、连某仁系诈骗集团首要分子，按照集团所犯的全部罪行处罚。被告人林某兴、闫某、伏某杰、秦某、黄某权等人是诈骗集团的骨干分子，系主犯，按照其所参与的或组织指挥的全部犯罪处罚。根据各被告人的犯罪事实、犯罪性质、情节和社会危害程度，以诈骗罪、组织他人偷越国境罪、偷越国境罪判处被告人易某锋无期徒刑，剥夺政治权利终身，并处没收个人全部财产。以诈骗罪、组织他人偷越国境罪、偷越国境罪判处被告人连某仁有期徒刑十六年，并处罚金人民币五十八万元；以诈骗罪、偷越国境罪等判处被告人林某兴等主犯十三年二个月至十年二个月不等有期徒刑，并处罚金。

【典型意义】

以被告人易某锋、连某仁为首的电信网络诈骗犯罪集团，利用公司化运作模式实施诈骗，集团内部层级严密，分工明确，组织特征鲜明。该诈骗集团将作案窝点设在境外，从国内招募人员并组织偷越国境，对我境内居民大肆实施诈骗，被骗人数众多，涉案金额特别巨大。跨境电信网络诈骗犯罪集团社会危害性极大，系打击重点，对集团首要分子和骨干成员必须依法从严惩处。人民法院对该诈骗集团首要分子易某锋、连某仁分别判处无期徒刑和有期徒刑十六年，对其余骨干成员均判处十年以上有期徒刑，充分体现了依法从严惩处的方针，最大限度彰显了刑罚的功效。

2. 李某权等69人诈骗案①

【基本案情】

被告人李某权曾从事传销活动，掌握了传销组织的运作模

① 《电信网络诈骗犯罪典型案例》，载最高人民法院网站，https：//www. court. gov. cn/zixun－xiangqing－200671. html，2022年9月3日访问。

式，在该模式下建立起140余人的诈骗犯罪集团。李某权作为诈骗犯罪集团的总经理，全面负责掌握犯罪集团的活动，任命被告人吴某琼、吴某飞、闫某霞、闫某飞、骆某、胡某安等人为主要管理人员，设立诈骗窝点并安排主要管理人员对各个窝点进行监控和管理，安排专人传授犯罪方法，收取诈骗所得资金，分配犯罪所得。该犯罪集团采用总经理—经理—主任—业务主管—业务员的层级传销组织管理模式，对新加入成员要求每人按照2900元一单的数额缴纳入门费，按照一定的比例数额层层返利，向组织交单作为成员晋升的业绩标准，层层返利作为对各层级的回报和利益刺激，不断诱骗他人加入该诈骗集团。2016年1月至2016年12月15日期间，该犯罪集团在宁夏回族自治区固原市设立十个诈骗窝点，由多名下线诈骗人员从“有缘网”“百合网”等婚恋交友网站上获取全国各地被害人信息，利用手机微信、QQ等实时通讯工具将被害人加为好友，再冒充单身女性以找对象、交朋友为名取得被害人信任，能骗来加入组织的加入组织，不能骗来的向其索要路费、电话费、疾病救治费等费用，对不特定的被害人实施诈骗活动，诈骗犯罪活动涉及全国31个省市自治区，诈骗非法所得920余万元。

【裁判结果】

本案由宁夏回族自治区固原市原州区人民法院一审，固原市中级人民法院二审。现已发生法律效力。

法院认为，以被告人李某权为首的69名被告人以非法占有为目的，采取虚构事实和隐瞒真相的方式，骗取他人财物，其行为均已构成诈骗罪。本案属于三人以上共同实施犯罪组织的较为固定的犯罪组织，系犯罪集团。李某权对整个犯罪集团起组织、领导作用，是犯罪集团的首要分子，按照集团所犯的全部罪行处罚。被告人吴某琼、骆某、闫某飞、闫某霞、吴某飞、胡某安等协助首要分子对整个犯罪集团进行组织、领导、策划，是犯罪集团的骨干分子，系主犯，按照其所参与的或组织指挥的全部犯罪处罚。其他一般犯罪成员按照其在犯罪集团中所起的作用及其个人诈骗数额予以量刑。据此，以诈骗罪判处被告人李某权有期徒刑十四年，并处罚金人民币十万元；以诈骗罪判处被告人吴某琼等人十二年至一年三个月不等有期徒刑。

【典型意义】

本案以被告人李某权为首的69人犯罪集团利用传销模式发展诈骗成员，计酬返利，不断发展壮大，集团内部层级严密，分工明确，组织特征鲜明。该诈骗集团的犯罪手段新颖，利用社会闲散青年创业找工作的想法，以偏远经济欠发达地区作为犯罪场所，在全国范围内不断诱骗他人加入诈骗集团，利用手机微信、QQ等互联网软件，冒充单身女性，以索要交通费、疾病救治费等为名通过网络诈骗不特定被害人钱财，遍及全国31个省市自治区，造成了恶劣的社会影响。人民法院在审理过程中，对案件的事实、证据、适用法律、定罪、量刑等方面进行全面审查，最终对各被告人判处相应的刑罚，有力打击了猖獗的电信网络诈骗犯罪，维护了社会秩序，挽回了人民群众的财产损失。

第二章　电信治理

公报案例

1. 某县人民检察院诉刘某义等诈骗案[①]

【裁判摘要】

行为人在明知自己控制的为虚拟现货交易平台，客户注入的资金并未真正进入现货交易市场的清况下，通过虚构事实、隐瞒真相的方式骗取。

公诉机关：江苏省扬州市宝应县人民检察院。

被告人：刘某义、盛某红、蔡某鹏、吕某。

江苏省扬州市宝应县人民检察院以被告入刘某义、盛某红、蔡某鹏、吕某犯诈骗罪，向江苏省扬州市宝应县人民法院提起公诉。

江苏省扬州市宝应县人民法院一审查明：

2013 年 8 月 19 日，被告人刘某义以刘某的名义在安徽省

---

① 《江苏省扬州市宝应县人民检察院诉刘某义等诈骗案》，载《最高人民法院公报》2016 年第 2 期。

除州市注册成立了电子商务公司，该公司经营范围为网上经营金银饰品销售（不得从事增值电信、金融业务）及投资管理（上述经营范围不含国家法律法规规定禁止、限制和许可经营的项目）。

2013年9月13日，被告人以电子商务公司名义，支付人民币6万元的价款从软件公司购得现货订购系统软件，名称为：银富宝订购回收系统。双方在签订的协议中明确注明：该软件为一款虚拟软件，仅用于模拟培训、仿真交易、正当交易。该系统与第三方支付平台“重庆易极富”捆绑。

2013年10月以来，被告人刘某义在明知银富宝订购回收系统为一款虚拟软件，客户如果在该系统上操作注入资金后资金不会进入真正的白银交易市场，而是流入了“重庆易极富”第三方支付平台后转入其个人账户的情况下，聘请被告人盛某红作为电子商务公司的分析师及业务代理，并与盛某红签订协议约定由盛某红发展客户，刘某义给其手续费75%及客户亏损70%的提成。

被告人盛某红在明知银富宝订购回收系统为一款虚拟软件，客户资金并未真正进入白银现货交易市场的情况下，依然让被告人蔡某鹏、吕某发展客户，并约定在得到被告人刘某义所给的手续费及客户亏损的提成后，再与蔡某鹏、吕某分成。

2013年9月至同年11月，被告人蔡某鹏、吕某发展了宝应县被害人刘某高、蔡某学为客户。为获取非法利益，二被告人虚构投资公司业务员等身份。在取得被害人的信任后，为达到让被害人亏损的目的，与被告人刘某义、盛某红合谋，修改银富宝订购回收系统最大持仓量以及亏损方式。2013年11月8日，蔡某鹏、吕某通过叫刘某高等人将所有用来炒白银的钱全部购买白银，将资金增加到50余万元。当晚，蔡某鹏还和吕某“唱双簧”，谎称自己进操盘室，让吕某单独与刘某高电话联系，传达分析师的指令，其目的是在被害人亏损后，可以相互推卸责任。当晚9时15分左右，被害人两个账户盈利近10万元时，蔡某鹏等人故意不让其卖出，直至被害人投入资金亏损，从而骗得刘某高、蔡某学人民币共计40余万元。事后，刘某高提出因亏损导致其无法偿还所借款，刘某义支付给盛某红人民币10万元用于退还给被害人，盛某红从中支付给蔡某鹏人民币7万元，后由蔡某鹏经手实际退还给被害人人民币4万元。

上述事实，被告人刘某义、盛某红、蔡某鹏、吕某在开庭审理过程中亦无异议，且有四被告人供述，被害人刘某高、蔡某学陈述，证人刘某、龚某峰、胡某、陈某、魏某峰、李某、许某明、杨某、陈某、徐某峰、莫某文、刘某奇、张某坤、王某安证言，企业法人营业执照，销售合同合作协议书，客户协议书，交易明细，激活申请表及附件，客户资金流水明细，开户资料及银行资金往来明细，通话记录单，辨认笔录及照片，聊天记录，受案登记表，发案经过及抓获经过说明，扣押、发还物品清单，谅解书，录音录像光盘，户籍资料等证据证实，足以认定。

宝应县人民法院一审认为：

被告人刘某义、盛某红、蔡某鹏、吕某以非法占有为目的，在明知控制的是虚拟白银现货交易平台，客户注入资金并未真正进入白银现货交易市场的情况下，通过虚构事实、隐瞒真相的方式骗取客户资金，数额巨大，其行为均已构成诈骗罪。被告人刘某义、盛某红、蔡某鹏、吕某系共同故意犯罪，且在共同犯罪中均起主要作用，均是主犯。被告人刘某义犯罪后主动投案，并如实供述犯罪事实，是自首，依法予以从轻处罚，被告人盛某红、蔡某鹏、吕某归案后如实供述犯罪事实，依法予以从轻处罚。刘某义等人已退出全部赃款，取得了被害人的谅解，均可酌情从轻处罚。宝应县人民检察院指控被告人刘某义、盛某红、蔡某鹏、吕某犯诈骗罪的事实清楚，证据确实、充分，指控的罪名成立，法院予以支持。

对被告人刘某义、盛某红、吕某的辩护人均提出起诉指控的罪名不成立，应当以非法经营罪定罪量刑的辩护意见，经查，刘某义虽注册设立电子商务公司，并以该公司名义购买银富宝订购回收系统的软件，但其与盛某红隐瞒银富宝订购回收系统为一款虚拟软件，客户投入资金不能进入白银现货交易市场的真相，并故意修改系统交易方式，吕某、蔡某鹏使用虚假身份虚构事实，骗取被害人的信任，故意通过虚拟交易套取被害人资金，从而使被害人被骗40余万元，被告人的上述行为符合诈骗罪的构成要件，应当以诈骗罪予以定罪量刑，而不应认定为非法经营罪，故对上述辩护意见不予采纳。对刘某义、盛某红、吕某的辩护人分别提出刘某义具有自首情节，盛某红、吕某归案后如实供述犯罪享实，上述三被告人认罪态度较好，无前科劣迹，退出全部赃款，取得被害人谅解，请求对上述被告人从轻处罚和酌情从轻处罚的辩护意见，经查有事实和法律依据，予以采纳。对刘某义的辩护人提出对刘某义适用减轻处罚，并适用缓刑的辩护意见，经查，刘某义诈骗数额达40余万元，虽具有自首情节，但根据本案具体情节，不宜对其适用减轻处罚并宣告缓刑，故对该辩护意见不予采纳。对盛某红的辩护人提出盛某红在本案中起次要作用，应认定为从犯的辩护意见，经查，盛某红在与刘某义等被告人共同犯罪中，为获取非法利益发展客户，为被害人交易提供意见，并通过蔡某鹏向被害人传达指令，骗得被害人资金，在本案中起主要作用，应认定为主犯，故对该辩护意见不予采纳。对蔡某鹏的辩护人提出蔡某鹏如实供述犯罪事实，自愿认罪，无前科劣迹，退出赃款，取得被害人的谅解，请求对其从轻和酌情从轻处罚并适用缓刑的辩护意见，经查，蔡某鹏虽具有上述法定和酌定从轻处罚情节，可对其从轻处罚，但根据本案情节，不宜对蔡某鹏宣告缓刑。对吕某的辩护人提出吕某在本案中起次要作用，应认定为从犯，请求对其从轻或减轻处罚，并适用缓刑的辩护意见，经查，吕某故意让被害人增加投入资金，并在骗取被害人资金过程中发挥了积极作用，故应当认定为主犯，对该辩护意见不予采纳。

综上，宝应县人民法院依照《中华人民共和国刑法》[1] 第二百六十六条，第二十五条第一款，第二十六条第一款、第四款，第六十七条第一款、第三款，第五十二条，第五十三条，第六十四条；《最高人民法院、最高人民检察院关于办理诈骗刑事案件具体应用法律若干问题的解释》第一条的规定，于2014年4月30日判决：

一、被告人刘某义犯诈骗罪，判处有期徒刑四年，并处罚金人民币八万元。

二、被告人盛某红犯诈骗罪，判处有期徒刑四年，并处罚金人民币八万元。

三、被告人蔡某鹏犯诈骗罪，判处有期徒刑四年，并处罚金人民币七万元。

四、被告人吕某犯诈骗罪，判处有期徒刑四年，并处罚金人民币七万元。

五、对被告人盛某红、蔡某鹏非法所得人民币各三万元依法继续予以追缴，没收上缴国库。

一审宣判后，刘某义、蔡某鹏不服，向扬州市中级人民法院提起上诉，称本案应当以非法经营罪定罪量刑。

二审法院受理立案后，二人又自愿撤回上诉。二审法院裁定准许撤回上诉。

一审判决已发生法律效力。

---

① 本书案例中引用的法律法规均为案件裁判当时有效，下文不再赘述。

典型案例

2. 陈某辉等7人诈骗、侵犯公民个人信息案[①]

【基本案情】

2015年11月至2016年8月，被告人陈某辉、黄某春、陈某生、郑某锋、熊某、郑某聪、陈某地等人交叉结伙，通过网络购买学生信息和公民购房信息，分别在江西省九江市、新余市、广西壮族自治区钦州市、海南省海口市等地租赁房屋作为诈骗场所，分别冒充教育局、财政局、房产局的工作人员，以发放贫困学生助学金、购房补贴为名，将高考学生作为主要诈骗对象，拨打诈骗电话2.3万余次，骗取他人钱款共计56万余元，并造成被害人徐某死亡。

【裁判结果】

本案由山东省临沂市中级人民法院一审，山东省高级人民法院二审。现已发生法律效力。

法院认为，被告人陈某辉等人以非法占有为目的，结成电信诈骗犯罪团伙，冒充国家机关工作人员，虚构事实，拨打电话骗取他人钱款，其行为均构成诈骗罪。陈某辉还以非法方法

① 《电信网络诈骗犯罪典型案例》，载最高人民法院网站，https：//www.court.gov.cn/zixun－xiangqing－200671.html，2022年9月3日访问。

获取公民个人信息，其行为又构成侵犯公民个人信息罪。陈某辉在江西省九江市、新余市的诈骗犯罪中起组织、指挥作用，系主犯。陈某辉冒充国家机关工作人员，骗取在校学生钱款，并造成被害人徐某死亡，酌情从重处罚。据此，以诈骗罪、侵犯公民个人信息罪判处被告人陈某辉无期徒刑，剥夺政治权利终身，并处没收个人全部财产；以诈骗罪判处被告人郑某锋、黄某春等人十五年至三年不等有期徒刑。

【典型意义】

电信网络诈骗类案件近年高发、多发，严重侵害人民群众的财产安全和合法权益，破坏社会诚信，影响社会的和谐稳定。山东高考考生徐某因家中筹措的9000余元学费被诈骗，悲愤之下引发猝死，舆论反应强烈，对电信网络诈骗犯罪案件的打击问题再次引发了社会的广泛关注。为加大打击惩处力度，2016年12月，“两高一部”共同制定出台了《关于办理电信网络诈骗等刑事案件适用法律若干问题的意见》，明确对诈骗造成被害人自杀、死亡或者精神失常等严重后果的，冒充司法机关等国家机关工作人员实施诈骗的；组织、指挥电信网络诈骗犯罪团伙的，诈骗在校学生财物的，要酌情从重处罚。本案是适用《最高人民法院、最高人民检察院、公安部关于办理电信网络诈骗等刑事案件适用法律若干问题的意见》审理的第一例大要案，在罪责刑相适应原则的前提下，对被告人陈某辉顶格判处，充分体现了对电信网络诈骗犯罪分子依法从严惩处的精神。

3. 陈某慧等7人诈骗案[①]

【基本案情】

被告人陈某慧纠集范某杰、高某忠、叶某锋、熊某江等人结成诈骗团伙，群发“奔跑吧兄弟”等虚假中奖信息，诱骗收到信息者登录“钓鱼网站”填写个人信息认领奖品，后以兑奖需要交纳保证金、公证费、税款等为由，骗取被害人财物，再通过冒充律师、法院工作人员以被害人未按要求交纳保证金或领取奖品构成违约为由，恐吓要求被害人交纳手续费，2016年6月至8月，共骗取被害人蔡某妍等63人共计681310元，骗取其他被害人财物共计359812.21元。蔡某妍得知受骗后，于2016年8月29日跳海自杀。陈某慧还通过冒充“爸爸去哪儿”等综艺节目发送虚假中奖诈骗信息共计73万余条。

【裁判结果】

本案由广东省揭阳市中级人民法院一审，广东省高级人民法院二审。现已发生法律效力。

法院认为，被告人陈某慧等人以非法占有为目的，结成电

---

① 《电信网络诈骗犯罪典型案例》，载最高人民法院网站，https：//www. court. gov. cn/zixun－xiangqing－200671. html，2022年9月3日访问。

信诈骗犯罪团伙，采用虚构事实的方法，通过利用“钓鱼网站”链接、发送诈骗信息、拨打诈骗电话等手段针对不特定多数人实施诈骗，其行为均已构成诈骗罪。陈某慧纠集其他同案人参与作案，在共同诈骗犯罪中起主要作用，系主犯，又有多个酌情从重处罚情节。据此，以诈骗罪判处被告人陈某慧无期徒刑，剥夺政治权利终身，并处没收个人全部财产；以诈骗罪判处被告人范某杰等人十五年至十一年不等有期徒刑。

【典型意义】

本案作为高考学生被骗后猝死、自杀等重大案件之一，经媒体报导后，舆论高度关注，法院审理过程中适用“两高一部”《关于办理电信网络诈骗等刑事案件适用法律若干问题的意见》规定，以陈某慧组织、指挥电信诈骗团伙，有利用“钓鱼网站”链接、冒充司法机关工作人员、诈骗未成年人、在校学生、造成一名被害人自杀等多个从重处罚情节，在陈某慧实施诈骗既有既遂又有未遂，且达到同一量刑幅度的情况下，以诈骗罪既遂处罚，充分体现了对此类犯罪从严惩处的精神。

4. 黄某良等9人诈骗案[①]

【基本案情】

被告人黄某良、吴某金、廖某冬、龙某腾、梁某卫等人谎称一批“海外要员”“海外老人”要回国，每人都有一笔巨额款项要带回大陆发放给老百姓，联系指使童某侠（另案处理，已判刑）、被告人韩某军等人从事“民族资产解冻大业”，并向童、韩二人发送“国际梅协民族资产解冻委员会”“中华人民共和国委员会馈赠资金发放证明书”“馈赠资金各类收取费用通知”“国家外汇管理局中国银行总行证明”等文件，任命童某侠、韩某军二人为“国际梅协民族资产解冻委员会”总指挥、副总指挥，以有巨额民族资产需要解冻为由，指使童某侠、韩某军吸收会员收取会员费。自2015年12月至2016年5月，童某侠、韩某军向全国各地人员收取会费并许诺发放巨额“民族资产解冻善款”，共向全国数十个省份近百万人次收取会费6300余万元，二人将2800余万元转账汇入黄某良、吴某金、龙某腾等人指定的银行账户。

---

① 《电信网络诈骗犯罪典型案例》，载最高人民法院网站，https：//www. court. gov. cn/zixun－xiangqing－200671. html，2022年9月3日访问。

【裁判结果】

本案由内蒙古自治区鄂尔多斯市中级人民法院一审，内蒙古自治区高级人民法院二审。现已发生法律效力。

法院认为，被告人黄某良等人以非法占有为目的，虚构民族资产解冻可获得巨额回报的事实，骗取他人财物，数额特别巨大，其行为均已构成诈骗罪。其中，被告人黄某良指使龙某腾、梁某卫等人冒充其助理给童某侠、韩某军打电话，并多次使用或指使他人使用涉案银行卡在 POS 机上刷卡套现，系共同犯罪中的主犯。据此，以诈骗罪判处被告人黄某良、吴某金、廖某冬无期徒刑，剥夺政治权利终身，并处没收个人全部财产；以诈骗罪判处被告人龙某腾等人十五年至四年不等有期徒刑。

【典型意义】

“民族资产解冻”类诈骗犯罪早已有之，随着打击力度的加大，此类犯罪的发案率已经大幅下降甚至在一些地方已经销声匿迹，但近年来随着信息技术的发展，此类犯罪又借助现代通信技术和金融工具进行传播，逐渐演变成集返利、传销、诈骗为一体的混合型犯罪，极具诱惑性和欺骗性。犯罪分子往往抓住被害人以小博大、以小钱换大钱的心理，唆使被害人加入由被告人虚构的所谓“民族大业”“民族资产解冻”项目或“精准扶贫”等其他假借国家大政方针和社会热点的虚假项目，允诺被害人可以小投入获得大回报，积极组织和发展会员，以办证费、手续费、保证金等名目骗取他人财物。此类诈骗犯罪迷惑性强、传播速度快，往往在短时间内就能造成众多人员受骗，且涉案金额巨大，严重侵害人民群众财产安全，严重损害政府公信力，严重危害社会安定。被告人黄某良等人作为幕后的策划者、组织者和操纵者，指挥、指使童某侠、韩某军以代理人身份骗取他人巨额财物并从中获取了巨额钱财，系民族资产解冻类犯罪链条的最顶端，也是打击的重点，人民法院对黄某良等人依法判处重刑，可谓罚当其罪。

5. 福建省晋江市吴某龙等人发送医保卡出现异常虚假语音信息诈骗案①

【基本案情】

2013 年 7 月，“阿水”（另案处理）组织被告人吴某龙等人前往老挝万象进行电信诈骗活动。该团伙在万象设置窝点，将事先编辑好的诈骗语音包通过网络电话向中国大陆各省市固定电话用户群发送语音信息，谎称被害人“医保卡出现异常，有疑问则回拨电话”。待被害人回拨时，电话转到冒充医保中

① 《最高人民法院 2016 年 3 月 4 日发布电信网络诈骗犯罪典型案例》，载最高人民法院网站，https：//www. court. gov. cn/zixun－xiangqing－17152. html，2022 年 10 月 17 日访问。

心工作人员的团伙一线人员，谎称被害人的医保卡涉嫌盗刷违禁药品，要求被害人向公安机关“报案”，并引导被害人同意由其转接公安机关的报案电话，后一线人员将电话转接给冒充公安人员的团伙二线人员接听。其间，二线人员以预先更改好来电显示号码的“公安局号码”与被害人通话以取得被害人信任，后套取被害人个人信息，谎称被害人银行账户存在安全问题，并将电话转至冒充检察院工作人员的团伙三线人员，要求被害人将银行卡内的存款转到指定账户，进行所谓的“资金清查比对”，以此手段骗取被害人钱财。吴某龙等人诈骗金额共计 10192500 元。

【裁判结果】

本案由福建省晋江市人民法院一审，福建省泉州市中级人民法院二审。现已发生法律效力。

法院认为，被告人吴某龙等人以非法占有为目的，通过互联网等电信技术方式发布虚假信息，对不特定多人实施诈骗，其行为均已构成诈骗罪。其中，吴某龙负责召集、管理、培训人员，起主要作用，系主犯。据此以诈骗罪判处被告人吴某龙有期徒刑十三年六个月，并处罚金人民币二十万元；以诈骗罪判处庄某凡等被告人十二年六个月至二年不等有期徒刑。

【典型意义】

本案是以发送医保卡出现异常的虚假语音信息实施诈骗的

典型案件。随着我国医疗保险制度的逐步完善，参保人员已逐步实现全覆盖，医保卡已成为人们经常使用的卡种，与百姓生活息息相关。被告人吴某龙等人在境外设立窝点，设置三线人员分别冒充医保中心工作人员、公安人员、检察院工作人员，先发送“医保卡出现异常，有疑问则回拨电话”的虚假语音信息，后通过三线人员的连环诈骗，套取被害人的个人信息，诱骗被害人将存款转至“指定账户”，从而骗得钱款。提醒广大医疗参保人员不要轻信医保卡出现异常的电话语音信息，更不要轻易在电话中将重要的个人信息告知陌生人。

相关案例

6. 秦某等诈骗案[①]

【基本案情】

2015 年 8 月至同年 9 月、2015 年 11 月至 2016 年 1 月，被告人秦某两次出境至印度尼西亚，被告人廖某、崔某琴于 2015 年 11 月至 2016 年 1 月亦出境至印度尼西亚，参加针对大陆居

① 《秦某等诈骗二审刑事裁定书》，载中国裁判文书网，https：//wenshu. court. gov. cn/website/wenshu/181107ANFZ0BXSK4/index. html? docId = ed061aa58cbb4340b8c6acf400095979，2022 年 9 月 1 日访问；《秦某等诈骗一审刑事判决书》，载中国裁判文书网，https：//wenshu. court. gov. cn/website/wenshu/181107ANFZ0BXSK4/index. html? docId = 6e676607c8c549b9a76aace300099949，2022 年 9 月 1 日访问。

民实施电信诈骗的犯罪集团。在实施电信诈骗过程中，秦某、廖某、崔某琴与其他共同作案人（另案处理）分工合作，利用电信网络技术手段对大陆居民进行语音群呼，发送主要内容为“快递未签收，联系客服查询”的语音包；从事一线接听的秦某、廖某、崔某琴等人冒充快递公司客服人员，谎称被害人有签证未领取、身份信息遭泄露，以帮助被害人报案为由将电话转接至分别冒充公安局民警、检察院检察官等国家司法机关工作人员的二线人员、三线人员，再由二线、三线人员谎称被害人信息泄露被用于犯罪活动，需对被害人资金流向进行调查等，继续对被害人进行欺骗并要求被害人向指定的银行账户转账、汇款，先后骗取熊某、蔺某等多人钱款。

秦某两次参加诈骗犯罪集团，历时2个月20余天，参与诈骗期间该犯罪集团的诈骗数额为1747.7871万元；廖某、崔某琴参加犯罪集团一次，均历时1个月20余天，参与诈骗期间该犯罪集团的诈骗数额为1009.0672万元。

2019年12月8日，廖某主动向公安机关投案自首。同年12月10日，秦某、崔某琴主动向公安机关投案自首。被告人归案后，秦某、廖某、崔某琴之家属分别代为退赔人民币3万元、2.5万元、2万元，现均已扣押在案。

【法院裁判】

北京市第二中级人民法院经审理认为，被告人秦某、廖某、崔某琴伙同他人，出境参加电信诈骗犯罪集团，在境外利用电信网络技术手段，冒充司法机关工作人员，通过虚构被害人个人信息泄露、涉嫌违法犯罪、需配合清查资金等事实，诱使被害人按照被告人的要求进行转账或汇款，诈骗被害人钱财，诈骗数额特别巨大，其行为均已构成诈骗罪，依法应予惩处。秦某、廖某、崔某琴伙同他人冒充司法机关工作人员在境外实施电信网络诈骗，且具有诈骗老年人情节，酌情应予从重处罚。秦某、廖某、崔某琴主动投案，并能如实供述主要罪行，系自首；廖某、崔某琴在共同犯罪中起次要作用，系从犯；秦某、廖某、崔某琴庭前均签署认罪认罚具结书，有一定的悔罪表现；三人的家属积极代为退赔部分违法所得，本院依法对秦某、廖某、崔某琴减轻处罚。北京市人民检察院第二分院指控秦某、廖某、崔某琴犯诈骗罪的事实清楚，证据确实、充分，指控的罪名成立，建议的量刑适当，被告人对此没有异议，本院对公诉机关的量刑建议予以采纳。根据秦某、廖某、崔某琴犯罪的事实、犯罪的性质、情节及对于社会的危害程度，依照《中华人民共和国刑法》第二百六十六条、第二十五条第一款、第二十六条第二款、第三款、第二十七条、第五十二条、第五十三条第一款、第六十七条第一款、第六十一条、第六十四条，《中华人民共和国刑事诉讼法》第十五条及《最高人民法院、最高人民检察院关于办理诈骗刑事案件具体应用法律若干问题的解释》第一条、第二条第一款第（一）项和第（四）项之规定，判决如下：

一、被告人秦某犯诈骗罪，判处有期徒刑六年，并处罚金人民币六千元（刑期自判决执行之日起计算。判决执行以前先行羁押的，羁押一日折抵刑期一日，即自2019年12月10日起至2025年12月9日止；罚金限于本判决生效后一个月内缴纳）。

二、被告人廖某犯诈骗罪，判处有期徒刑一年六个月，并处罚金人民币二千元（刑期自判决执行之日起计算。判决执行以前先行羁押的，羁押一日折抵刑期一日，即自2019年12月8日起至2021年6月7日止；罚金限于本判决生效后一个月内缴纳）。

三、被告人崔某琴犯诈骗罪，判处有期徒刑一年六个月，并处罚金人民币二千元（刑期自判决执行之日起计算。判决执行以前先行羁押的，羁押一日折抵刑期一日，即自2019年12月10日起至2021年6月9日止；罚金限于本判决生效后一个月内缴纳）。

四、责令被告人秦某、廖某、崔某琴依法退赔被害人损失，并与北京市第二中级人民法院（2017）京02刑初55号、（2017）京02刑初字131号、（2017）京02刑初字132号的其他共同作案人承担连带退赔责任（清单附后）。

五、在案扣押的人民币七万五千元并入退赔项执行。

一审宣判后，原审被告人秦某于2020年11月30日以“量刑过重”为由提出上诉，北京市人民检察院第二分院于2020年12月7日以“一审法院判处被告人秦某六年有期徒刑是在其与我院签署认罪认罚具结书的基础上作出，被告人秦某以量刑过重为由提出上诉，其无正当理由上诉的行为违背了认罪认罚从宽具结，我院认为法院判决对其量刑偏轻”为由提出抗诉。上诉人秦某在2020年12月15日申请撤诉。北京市人民检察院于2021年2月2日作出“抗诉不当，决定撤回抗诉”的决定。北京市高级人民法院依照《最高人民法院关于适用〈中华人民共和国刑事诉讼法〉的解释》第三百零五条、第三百零八条之规定，裁定如下：

一、准予秦某撤回上诉。

二、准予北京市人民检察院撤回抗诉。

7. 王某宏诈骗案①

【基本案情】

2015年8月至2017年3月，上诉人（原审被告人）王某宏伙同“阿肯”、黄某波、“小竹”、王某（均另案处理）等人在柬埔寨王国设立了专门针对中国大陆居民的电信诈骗集团。其中，王某宏负责募集资金并安排“阿肯”进行日常管理，黄某波作为三线话务员并协助管理，“小竹”、王某负责财物及报

---

① 《王某宏诈骗二审刑事裁定书》，载中国裁判文书网，https：//wenshu.court.gov.cn/website/wenshu/181107ANFZ0BXSK4/index.html？docId=JbFeWClIELUwk0jZx3ZaWrcsFwj+3mR/Dh5WtHZullx04G+J7wrVQpO3qNaLMqsJLtMGU+Mc34789TnmiwgXuCN05NRB6QgWvb77MR4zDn6ojWg0NuEI1rs0adwZEjVv，2022年10月25日访问。

酬发放。该集团在柬埔寨租用别墅，招揽张某、王某某、朱某等人（均另案处理）作为话务员，分别冒充中国公安民警或检察官等身份，利用非法获取的中国境内的被害人个人信息，采用电信技术手段，通过拨打网络电话，虚构被害人因身份信息泄露涉嫌信用卡恶意透支等虚假内容，要求被害人将资金汇入该团伙指定的“安全账户”，然后转走并占有被害人汇入的资金。其中，在2017年2月27日至3月4日，黄某波伙同他人分别冒充四川省南充市公安局、上海市嘉定公安局民警和上海市嘉定检察院的检察官，假称四川省广安市广安区居民房某的账户有非法款项汇入，要求房某配合调查并把账户内资金转入指定的账户，骗得房某人民币1051598元。

另查明，王某宏到案后主动检举柬埔寨从事电信诈骗的其他犯罪团伙，并协助公安机关寻找、辨认犯罪窝点、跟踪摸排并协助公安机关抓获李某诈骗团伙犯罪嫌疑人32名。

王某宏供称其是诈骗集团幕后老板，负责出资，占公司35%的股份。公司名义上的老板是“阿肯”，占公司15%的股份，加上他管理以及人员提成共占公司35%的股份。公司当时共出资约500万元，这些钱都是“阿宝”出的，阿宝占公司的30%。王某宏负责安全（主要是公关工作）及资金问题，公司日常管理（人员联络、工资发放、人员借支、日常业务等）由“阿肯”负责。下面人员是话务员，大约32人，话务员依据在诈骗环节中扮演不同的身份又分为一、二、三线。“小竹”负责公司物资的采购和小部分资金的保管。公司还有一个专门负责管钱的“小张”，负责公司内部分人的工资结算，公司内剩余人员的工资，都是“小张”通过地下钱庄将钱打给王某宏，王某宏再把钱转给王某保管并发放。电脑手“小黑”主要负责联系“水房”和打印从网上买来的公民资料。阿尊负责设备的维护。黄某波辅助“阿肯”管理且负责三线打电话。

具体诈骗流程是：通过一线话务员通知当事人电话卡透支涉嫌犯罪，建议与公安机关联系，后转接到二线话务员，二线话务员通过改号软件让当事人信任其是公安机关的工作人员，通过二线话务员核实清查当事人的个人基本信息、收入、家庭情况、电话使用及银行卡办理及储存情况等信息后，通过引入检察官角色，将电话转入三线，由三线话务员利用制造当事人不能直接到达检察院的情况，探寻当事人对钱的敏感程度，之后同意对当事人采用电话询问笔录等方式，套取当事人银行卡信息，主要是密码，如当事人年纪大就让其将钱直接打到安全账户，如是年轻人通过手机银行或者登录电脑转账的操作，这些安全账户及通过电子银行转账的账号都是“水房”给的，“水房”接收钱后通知“电脑手”小黑，他们负责每天对账，交收钱都是当钱积累到几十万元台币才进行，如果有大笔金额就隔天交收，这些都是“阿肯”在负责。

公司成立后，王某宏与“阿肯”约定，话务员分级计算薪资，提成以诈骗入公司账目的实际金额为计算基数。具体是：

一线话务员底薪每月5000元，提成是5%。二线分为队长、队员，都是没有底薪的，队长提成是5%，队员提成是4%，如果二线从一线转过来，自己一个人讲完再转到三线，这叫一条龙，提成是8%。三线没有底薪，提成是8%。“小黑”底薪是5万台币，有百分之一、二的公司股份，还有1%-2%的提成；小竹是5万台币每月；王某宏分给“阿肯”15%的股份，没有工资；三线中的黄某波会帮“阿肯”做点管理上的事情，他还有3%的股份。黄某波年约30岁，重庆市人，在电信诈骗这行业务能力较强。

【法院裁判】

一审法院经审理认为，2015年8月至2017年3月，被告人王某宏以自己为团伙头目，“阿肯”（另案处理）、黄某波（另案处理）负责团伙管理、“小竹”（另案处理）负责团伙会计、王某（另案处理）负责团伙转账，在柬埔寨王国成立了专门针对中国大陆居民为作案对象的一个电信诈骗团伙。该团伙在柬埔寨利用租用的别墅作为作案场所，以黄某波、张某、王某某、朱某、彭某、张某、朱某、覃某杨、郝某文、史某璐、文某、符某红等人（均另案处理）作为一、二、三线话务员，分别冒充中国公安民警或检察官等身份，多次利用非法获取的中国境内的被害人个人信息，采用电信技术手段，通过拨打网络电话，从中国境外向中国境内多次拨打、接听不同的受害人电话，虚构被害人身份信息泄露以涉嫌信用卡恶意透支等虚假内容，要求被害人将资金汇入该团伙指定的所谓的“安全账户”内等方式，转走被害人汇入“安全账户”的资金。2017 年 2 月 27 日至 3 月 4 日，该团伙成员黄某波伙同他人分别冒充南充市公安局民警、上海市嘉定公安局民警和上海市嘉定检察院的检察官，利用非法获得的广安市广安区居民房某身份信息，虚构“李国斌”涉嫌信用卡恶意透支犯罪案件，并以该案涉及透支金额 2000 万元中部分款项转账到房某账户为由，要求房某配合调查核实。房某根据该诈骗团伙要求将自己银行账户内资金，转到诈骗团伙提供的“安全账户”共计 1051598 元。另查明，被告人王某宏到案后主动检举柬埔寨从事电信诈骗的其他团伙犯罪，并安排人寻找、辨认犯罪窝点、跟踪摸排，2017 年 7 月 17 日协助抓获李万宏等 32 名犯罪嫌疑人，其中逮捕 21 人。

二审法院经审理认为，上诉人（原审被告人）王某宏以非法占有为目的，组织他人成立诈骗集团，利用互联网、电信等技术手段，虚构事实，骗取不特定多数人财物，其中骗取房某现金人民币共计 1051598 元，数额特别巨大，其行为构成诈骗罪。本案系集团犯罪，王某宏系组织、领导犯罪集团的首要分子，系主犯，应按照犯罪集团的全部罪行处罚。被告人王某宏到案坦白并有重大立功表现，依法可以减轻处罚。关于黄某波上诉提出其不是实际出资者和管理者的上诉理由，经审查，根据本案证据证明的事实，王某宏与“阿肯”等人共同成立电信诈骗集团后，王某宏募集资金出资并招募人员，安排“阿肯”

负责日常管理，安排黄某波从事三线话务并协助管理，安排王某负责财务并向团伙成员发放报酬，在共同犯罪中起组织、领导作用，系犯罪集团的首要分子，应对该犯罪集团所犯全部罪行承担刑事责任。黄某波的该项上诉理由没有事实和法律依据，不能成立。关于王某宏及其辩护人提出的原判决对王某宏重大立功行为减轻处罚幅度不足，导致量刑过重的上诉理由和辩护意见，经审查，原判决对王某宏归案后的重大立功表现已予认定，且在充分考量其犯罪性质、社会危害程度、认罪态度后作出减轻处罚符合法律规定，该上诉理由及辩护意见不予采纳。原判决认定事实和适用法律正确，量刑适当。审判程序合法。依照《中华人民共和国刑事诉讼法》第二百三十六条第一款第（一）项之规定，裁定如下：

驳回上诉，维持原判。

第三章　金融治理

指导性案例

1. 周某集资诈骗案[①]

（检例第40号）

【关键词】

集资诈骗　非法占有目的　网络借贷信息中介机构

【基本案情】

被告人周某，投资公司法定代表人。

2011年2月，被告人周某注册成立投资公司，担任法定代表人。公司上线运营“某投资”网络平台，借款人（发标人）在网络平台注册、缴纳会费后，可发布各种招标信息，吸引投资人投资。投资人在网络平台注册成为会员后可参与投标，通过银行汇款、支付宝、财付通等方式将投资款汇至周某公布在

---

① 《第十批指导性案例——周某集资诈骗案（检例第40号）》，载最高人民检察院网站，https：//www. spp. gov. cn/spp/jczdal/201807/t20180712_ 384673. shtml，2022年9月2日访问。

网站上的8个其个人账户或第三方支付平台账户。借款人可直接从周某处取得所融资金。项目完成后，借款人返还资金，周某将收益给予投标人。

运行前期，周某通过网络平台为13个借款人提供总金额约170万余元的融资服务，因部分借款人未能还清借款造成公司亏损。此后，周某除用本人真实身份信息在公司网络平台注册2个会员外，自2011年5月至2013年12月陆续虚构34个借款人信息，并利用上述虚假身份自行发布大量虚假抵押标、宝石标等，以支付投资人约20%的年化收益率及额外奖励等为诱饵，向社会不特定公众募集资金。所募资金未进入公司账户，全部由周某个人掌控和支配。除部分用于归还前期投资人到期的本金及收益外，其余主要用于购买房产、高档车辆、首饰等。这些资产绝大部分登记在周某名下或供周某个人使用。从2011年5月至案发，周某通过某投资网络平台累计向全国1586名不特定对象非法集资共计10.3亿余元，除支付本金及收益回报6.91亿余元外，尚有3.56亿余元无法归还。案发后，公安机关从周某控制的银行账户内扣押现金1.80亿余元。

【要旨】

网络借贷信息中介机构或其控制人，利用网络借贷平台发布虚假信息，非法建立资金池募集资金，所得资金大部分未用于生产经营活动，主要用于借新还旧和个人挥霍，无法归还所募资金数额巨大的，应认定为具有非法占有目的，以集资诈骗罪追究刑事责任。

【指控与证明犯罪】

2014 年 7 月 15 日，浙江省衢州市公安局以周某涉嫌集资诈骗罪移送衢州市人民检察院审查起诉。

审查起诉阶段，衢州市人民检察院审查了全案卷宗，讯问了犯罪嫌疑人。针对该案犯罪行为涉及面广，众多集资参与人财产遭受损失的情况，检察机关充分听取了辩护人和部分集资参与人意见，进一步核实了非法集资金额，对扣押的房产等作出司法鉴定或价格评估。针对辩护人提出的非法证据排除申请，检察机关审查后发现，涉案证据存在以下瑕疵：公安机关向部分证人取证时存在取证地点不符合刑事诉讼法规定以及个别辨认笔录缺乏见证人等情况。为此，检察机关要求公安机关予以补正或作出合理解释。公安机关作出情况说明：证人从外地赶来，经证人本人同意，取证在宾馆进行。关于此项情况说明，检察机关审查后予以采信。对于缺乏见证人的个别辨认笔录，检察机关审查后予以排除。

2015 年 1 月 19 日，浙江省衢州市人民检察院以周某犯集资诈骗罪向浙江省衢州市中级人民法院提起公诉。6 月 25 日，衢州市中级人民法院公开开庭审理本案。

法庭调查阶段，公诉人宣读起诉书指控被告人周某以高息为诱饵，虚构借款人信息和借款用途，利用网络 P2P 形式，面向社会公众吸收资金，主要用于个人肆意挥霍，其行为已构成集资诈骗罪。对于指控的犯罪事实，公诉人出示了四组证据予以证明：一是被告人周某的立案情况及基本信息；二是投资公司的发标、招投标情况及相关证人证言；三是集资情况的证据，包括银行交易清单，司法会计鉴定意见书等；四是集资款的去向，包括购买车辆、房产等物证及相关证人证言。

法庭辩论阶段，公诉人发表公诉意见：被告人周某注册网络借贷信息平台，早期从事少量融资信息服务。在公司亏损、经营难以为继的情况下，虚构借款人和借款标的，以欺诈方式面向不特定投资人吸收资金，自建资金池。在公安机关立案查处时，虽暂可通过“拆东墙补西墙”的方式偿还部分旧债维持周转，但根据其所募资金主要用于还本付息和个人肆意挥霍，未投入生产经营，不可能产生利润回报的事实，可以判断其后续资金缺口势必不断扩大，无法归还所募全部资金，故可以认定其具有非法占有的目的，应以集资诈骗罪对其定罪处罚。

辩护人提出：一是周某行为系单位行为；二是周某一直在偿还集资款，主观上不具有非法占有集资款的故意；三是周某利用互联网从事 P2P 借贷融资，不构成集资诈骗罪，构成非法吸收公众存款罪。

公诉人针对辩护意见进行答辩：第一，投资公司是由被告人周某控制的一人公司，不具有经营实体，不具备单位意志，集资款未纳入公司财务进行核算，而是由周某一人掌控和支配，因此周某的行为不构成单位犯罪。第二，周某本人主观上认识到资金不足，少量投资赚取的收益不足以支付许诺的高额回报，没有将集资款用于生产经营活动，而是主要用于个人肆意挥霍，其主观上对集资款具有非法占有的目的。第三，P2P网络借贷，是指个人利用中介机构的网络平台，将自己的资金出借给资金短缺者的商业模式。根据中国银行业监管委员会、工业和信息化部、公安部、国家互联网信息办公室制定的《网络借贷信息中介机构业务活动管理暂行办法》等监管规定，P2P作为新兴金融业态，必须明确其信息中介性质，平台本身不得提供担保，不得归集资金搞资金池，不得非法吸收公众资金。周某吸收资金建资金池，不属于合法的P2P网络借贷。非法吸收公众存款罪与集资诈骗罪的区别，关键在于行为人对吸收的资金是否具有非法占有的目的。利用网络平台发布虚假高利借款标募集资金，采取借新还旧的手段，短期内募集大量资金，不用于生产经营活动，或者用于生产经营活动与筹集资金规模明显不成比例，致使集资款不能返还的，是典型的利用网络中介平台实施集资诈骗行为。本案中，周某采用编造虚假借款人信息、虚假投标项目等欺骗手段集资，所融资金未投入生产经营，大量集资款被其个人肆意挥霍，具有明显的非法占有目的，其行为构成集资诈骗罪。

法庭经审理认为，公诉人出示的证据能够相互印证，予以确认。对周某及其辩护人提出的不构成集资诈骗罪及本案属于单位犯罪的辩解、辩护意见，不予采纳。综合考虑犯罪事实和量刑情节，2015 年 8 月 14 日，浙江省衢州市中级人民法院作出一审判决，以集资诈骗罪判处被告人周某有期徒刑十五年，并处罚金人民币 50 万元。继续追缴违法所得，返还各集资参与人。

一审宣判后，浙江省衢州市人民检察院认为，被告人周某非法集资 10.3 亿余元，属于刑法规定的集资诈骗数额特别巨大并且给人民利益造成特别重大损失的情形，依法应处无期徒刑或者死刑，并处没收财产，一审判决量刑过轻。于 2015 年 8 月 24 日，向浙江省高级人民法院提出抗诉。被告人周某不服一审判决，提出上诉。其上诉理由是量刑畸重，应判处缓刑。

本案二审期间，2015 年 8 月 29 日，第十二届全国人大常委会第十六次会议审议通过了《中华人民共和国刑法修正案（九）》，删去《刑法》第一百九十九条关于犯集资诈骗罪“数额特别巨大并且给国家和人民利益造成特别重大损失的，处无期徒刑或者死刑，并处没收财产”的规定。刑法修正案（九）于 2015 年 11 月 1 日起施行。

浙江省高级人民法院经审理后认为，刑法修正案（九）取消了集资诈骗罪死刑的规定，根据从旧兼从轻原则，一审法院判处周某有期徒刑十五年符合修订后的法律规定。上诉人周某具有集资诈骗的主观故意及客观行为，原审定性准确。2016 年 4 月 29 日，二审法院作出裁定，维持原判。终审判决作出后，周某及其父亲不服判决提出申诉，浙江省高级人民法院受理申诉并经审查后，认为原判事实清楚，证据确实充分，定性准确，量刑适当，于2017年12月22日驳回申诉，维持原裁判。

【指导意义】

是否具有非法占有目的，是正确区分非法吸收公众存款罪和集资诈骗罪的关键。对非法占有目的的认定，应当围绕融资项目真实性、资金去向、归还能力等事实、证据进行综合判断。行为人将所吸收资金大部分未用于生产经营活动，或名义上投入生产经营，但又通过各种方式抽逃转移资金，或供其个人肆意挥霍，归还本息主要通过借新还旧来实现，造成数额巨大的募集资金无法归还的，可以认定具有非法占有的目的。

集资诈骗罪是近年来检察机关重点打击的金融犯罪之一。对该类犯罪，检察机关应着重从以下几个方面开展工作：一是强化证据审查。非法集资类案件由于参与人数多、涉及面广，受主客观因素影响，取证工作易出现瑕疵和问题。检察机关对重大复杂案件要及时介入侦查、引导取证。在审查案件中要强化对证据的审查，需要退回补充侦查或者自行补充侦查的，要及时退查或补查，建立起完整的、牢固的证据锁链，夯实认定案件事实的证据基础。二是在法庭审理中要突出指控和证明犯罪的重点。要紧紧围绕集资诈骗罪构成要件，特别是行为人主观上具有非法占有目的、客观上以欺骗手段非法集资的事实梳理组合证据，运用完整的证据体系对认定犯罪的关键事实予以清晰证明。三是要将办理案件与追赃挽损相结合。检察机关办理相关案件，要积极配合公安机关、人民法院依法开展追赃挽损、资产处置等工作，最大限度减少人民群众的实际损失。四是要结合办案开展以案释法，增强社会公众的法治观念和风险防范意识，有效预防相关犯罪的发生。

【相关规定】

《中华人民共和国刑法》第一百九十二条

《最高人民法院关于审理非法集资刑事案件具体应用法律若干问题的解释》第四条

《最高人民检察院、公安部关于公安机关管辖的刑事案件立案追诉标准的规定（二）》第四十九条

2. 杨某国等人非法吸收公众存款案[①]

（检例第64号）

【关键词】

非法吸收公众存款　网络借贷　资金池

【要旨】

单位或个人假借开展网络借贷信息中介业务之名，未经依

① 《第十七批指导性案例——杨某国等人非法吸收公众存款案（检例第64号）》，载最高人民检察院网站，https：//www. spp. gov. cn/spp/jczdal/202003/t20200325_ 457287. shtml，2022年9月2日访问。

法批准，归集不特定公众的资金设立资金池，控制、支配资金池中的资金，并承诺还本付息的，构成非法吸收公众存款罪。

【基本案情】

被告人杨某国，男，浙江某集团有限公司法定代表人、实际控制人。

被告人张某婷，女，浙江某集团有限公司出纳，主要负责协助杨某国调度、使用非法吸收的资金。

被告人刘某蕾，女，某财富投资管理有限公司总经理，负责该公司业务。

被告人吴某，女，浙江某集团有限公司经理、清算中心负责人，主要负责资金池运作有关业务。

浙江某集团有限公司（以下简称某集团）于2013年2月28日成立，被告人杨某国为法定代表人、董事长。自2013年9月起，某集团开始在线下进行非法吸收公众存款活动。2014年，杨某国利用其实际控制的公司又先后成立某财富投资管理有限公司（以下简称某财富）、某投资管理有限公司（以下简称某投资公司），通过线下和线上两个渠道开展非法吸收公众存款活动。其中，某投资公司主要负责发展信贷客户（借款人），某财富负责发展不特定社会公众成为理财客户（出借人），根据理财产品的不同期限约定7%－15%不等的年化利率募集资金。在线下渠道，某集团在全国多个省、市开设门店，采用发放宣传单、举办年会、发布广告等方式进行宣传，理财客户或者通过与杨某国签订债权转让协议，或者通过匹配某集团虚构的信贷客户借款需求进行投资，将投资款转账至杨某国个人名下42个银行账户，被某集团用于还本付息、生产经营等活动。在线上渠道，某集团及其关联公司以网络借贷信息中介活动的名义进行宣传，理财客户根据某集团的要求在第三方支付平台上开设虚拟账户并绑定银行账户。理财客户选定投资项目后将投资款从银行账户转入第三方支付平台的虚拟账户进行投资活动，某集团、杨某国及某集团实际控制的担保公司为理财客户的债权提供担保。某集团对理财客户虚拟账户内的资金进行调配，划拨出借资金和还本付息资金到相应理财客户和信贷客户账户，并将剩余资金直接转至杨某国在第三方支付平台上开设的托管账户，再转账至杨某国开设的个人银行账户，与线下资金混同，由某集团支配使用。

因资金链断裂，某集团无法按期兑付本息。截止到2016年4月20日，某集团通过线上、线下两个渠道非法吸收公众存款共计64亿余元，未兑付资金共计26亿余元，涉及集资参与人13400余人。其中，通过线上渠道吸收公众存款11亿余元。

【指控与证明犯罪】

2017年2月15日，浙江省杭州市江干区人民检察院以非法吸收公众存款罪对杨某国等4名被告人依法提起公诉，杭州市江干区人民法院公开开庭审理本案。

法庭调查阶段，公诉人宣读起诉书指控杨某国等被告人的行为构成非法吸收公众存款罪，并对杨某国等被告人进行讯问。杨某国对某集团通过线下渠道非法吸收公众存款的犯罪事实和性质没有异议，但辩称某集团的线上平台经营的是正常P2P业务，线上的信贷客户均真实存在，不存在资金池，不是吸收公众存款，不需要取得金融许可牌照，在营业执照许可的经营范围内即可开展经营。针对杨某国的辩解，公诉人围绕理财资金的流转对被告人进行了重点讯问。

公诉人：（杨某国）如果线上理财客户进来的资金大于借款方的资金，如何操作？

杨某国：一般有两种操作方式。一种是停留在客户的操作平台上，另一种是转移到我开设的托管账户。如果转移到托管账户，客户就没有办法自主提取了。如果客户需要提取，我们根据客户指令再将资金返回到客户账户。

公诉人：（吴某）理财客户充值到第三方支付平台的虚拟账户后，某集团操作员是否可以对第三方支付平台上的资金进行划拨。

吴某：可以。

公诉人：（吴某）请叙述一下划拨资金的方式。

吴某：直接划拨到借款人的账户，如果当天资金充足，有时候会划拨到杨某国在第三方支付平台上设立的托管账户，再提现到杨某国绑定的银行账户，用来兑付线下的本息。

公诉人补充讯问：（吴某）如果投资进来的资金大于借款

方，如何操作?

吴某：会对一部分进行冻结，也会提现一部分。资金优先用于归还客户的本息，然后配给借款方，然后再提取。

被告人的当庭供述证明，某集团通过直接控制理财客户在第三方平台上的虚拟账户和设立托管账户，实现对理财客户资金的归集和控制、支配、使用，形成了资金池。

举证阶段，公诉人出示证据，全面证明某集团线上、线下业务活动本质为非法吸收公众存款，并就线上业务相关证据重点举证。

第一，通过出示书证、审计报告、电子数据、证人证言、被告人供述和辩解等证据，证实某集团的线上业务归集客户资金设立资金池并进行控制、支配、使用，不是网络借贷信息中介业务。(1) 第三方支付平台赋予某集团对所有理财客户虚拟账户内的资金进行冻结、划拨、查询的权限。线上理财客户在合同中也明确授权某集团对其虚拟账户内的资金进行冻结、划拨、查询，且虚拟账户销户需要某集团许可；(2) 理财客户将资金转入第三方平台的虚拟账户后，某集团每日根据理财客户出借资金和信贷客户的借款需求，以多对多的方式进行人工匹配。当理财客户资金总额大于信贷客户借款需求时，剩余资金划入杨某国在第三方支付平台开设的托管账户。某集团预留第二天需要支付的到期本息后，将剩余资金提现至杨某国的银行账户，用于线下非法吸收公众存款活动或其他经营活动；

（3）信贷客户的借款期限与理财客户的出借期限不匹配，存在期限错配等问题；（4）杨某国及其控制的公司承诺为信贷客户提供担保，当信贷客户不能按时还本付息时，杨某国保证在债权期限届满之日起3个工作日内代为偿还本金和利息。实际操作中，归还出借人的资金都来自线上的托管账户或者杨某国用于线下经营的银行账户；（5）某集团通过多种途径向不特定公众进行宣传，发展理财客户，并通过明示年化收益率、提供担保等方式承诺向理财客户还本付息。

第二，通过出示理财、信贷余额列表，扣押清单，银行卡照片，银行卡交易明细，审计报告，证人证言，被告人供述和辩解等证据，证实某集团资金池内的资金去向：（1）某集团吸收的资金除用于还本付息外，主要用于扩大某集团下属公司的经营业务；（2）某集团线上资金与线下资金混同使用，互相弥补资金不足，某集团从第三方支付平台提现到杨某国银行账户资金为2.7亿余元，杨某国个人银行账户转入第三方支付平台资金为2亿余元；（3）某集团将吸收的资金用于公司自身的投资项目，并有少部分用于个人支出，案发时线下、线上的理财客户均遭遇资金兑付困难。

法庭辩论阶段，公诉人发表公诉意见，论证杨某国等被告人构成非法吸收公众存款罪，起诉书指控的犯罪事实清楚，证据确实、充分。其中，某集团在线上经营所谓网络借贷信息中介业务时，承诺为理财客户提供保底和增信服务，获取对理财客户虚拟账户内资金进行冻结、划拨、查询等权限，归集客户资金设立资金池，实际控制、支配、使用客户资金，用于还本付息和其他生产经营活动，超出了网络借贷信息中介的业务范围，属于变相非法吸收公众存款。杨某国等被告人明知其吸收公众存款的行为未经依法批准而实施，具有犯罪的主观故意。

杨某国认为某集团的线上业务不构成犯罪，不应计入犯罪数额。杨某国的辩护人认为，国家允许 P2P 行业先行先试，某集团设立资金池、开展自融行为的时间在国家对 P2P 业务进行规范之前，没有违反刑事法律，属民事法律调整范畴，不应受到刑事处罚，犯罪数额应扣除通过线上模式流入的资金。

公诉人针对杨某国及其辩护人的辩护意见进行答辩：某集团在线上开展网络借贷中介业务已从信息中介异化为信用中介，某集团对理财客户投资款的归集、控制、支配、使用以及还本付息的行为，本质与商业银行吸收存款业务相同，并非国家允许创新的网络借贷信息中介行为，不论国家是否出台有关网络借贷信息中介的规定，未经批准实施此类行为，都应当依法追究刑事责任。因此，线上吸收的资金应当计入犯罪数额。

法庭经审理认为，某集团以提供网络借贷信息中介服务为名，实际从事直接或间接归集资金、甚至自融或变相自融行为，本质是吸收公众存款。判断金融业务的非法性，应当以现行刑事法律和金融管理法律规定为依据，不存在被告人开展 P2P 业务时没有禁止性法律规定的问题。某集团的行为已经扰乱金融秩序，破坏国家金融管理制度，应受刑事处罚。

2018年2月8日，杭州市江干区人民法院作出一审判决：以非法吸收公众存款罪，分别判处被告人杨某国有期徒刑九年六个月，并处罚金人民币五十万元；判处被告人刘某蕾有期徒刑四年六个月，并处罚金人民币十万元；判处被告人吴某有期徒刑三年，缓刑五年，并处罚金人民币十万元；判处被告人张某婷有期徒刑三年，缓刑五年，并处罚金人民币十万元。在案扣押冻结款项分别按损失比例发还；在案查封、扣押的房产、车辆、股权等变价后分别按损失比例发还。不足部分责令继续退赔。宣判后，被告人杨某国提出上诉后又撤回上诉，一审判决已生效。本案追赃挽损工作仍在进行中。

【指导意义】

1. 向不特定社会公众吸收存款是商业银行专属金融业务，任何单位和个人未经批准不得实施。根据《中华人民共和国商业银行法》第十一条规定，未经国务院银行业监督管理机构批准，任何单位和个人不得从事吸收公众存款等商业银行业务，这是判断吸收公众存款行为合法与非法的基本法律依据。任何单位或个人，包括非银行金融机构，未经国务院银行业监督管理机构批准，面向社会吸收公众存款或者变相吸收公众存款均属非法。国务院《非法金融机构和非法金融业务活动取缔办法》进一步明确规定，未经依法批准，非法吸收公众存款、变相吸收公众存款、以任何名义向社会不特定对象进行的非法集资都属于非法金融活动，必须予以取缔。为了解决传统金融机构覆盖不了、满足不好的社会资金需求，缓解个体经营者、小微企业经营当中的小额资金困难，国务院金融监管机构于2016年发布了《网络借贷信息中介机构业务活动管理暂行办法》等“一个办法、三个指引”，允许单位或个人在规定的借款余额范围内通过网络借贷信息中介机构进行小额借贷，并且对单一组织、单一个人在单一平台、多个平台的借款余额上限作了明确限定。检察机关在办案中要准确把握法律法规、金融管理规定确定的界限、标准和原则精神，准确区分融资借款活动的性质，对于违反规定达到追诉标准的，依法追究刑事责任。

2. 金融创新必须遵守金融管理法律规定，不得触犯刑法规定。金融是现代经济的核心和血脉，金融活动引发的风险具有较强的传导性、扩张性、潜在性和不确定性。为了发挥金融服务经济社会发展的作用，有效防控金融风险，国家制定了完善的法律法规，对商业银行、保险、证券等金融业务进行严格的规制和监管。金融也需要发展和创新，但金融创新必须有效地防控可能产生的风险，必须遵守金融管理法律法规，尤其是依法须经许可才能从事的金融业务，不允许未经许可而以创新的名义擅自开展。检察机关办理涉金融案件，要深入分析、清楚认识各类新金融现象，准确把握金融的本质，透过复杂多样的表现形式，准确区分是真的金融创新还是披着创新外衣的伪创新，是合法金融活动还是以金融创新为名实施金融违法犯罪活动，为防范化解金融风险提供及时、有力的司法保障。

3. 网络借贷中介机构非法控制、支配资金，构成非法吸收公众存款。网络借贷信息中介机构依法只能从事信息中介业务，为借款人与出借人实现直接借贷提供信息搜集、信息公布、资信评估、信息交互、借贷撮合等服务。信息中介机构不得提供增信服务，不得直接或间接归集资金，包括设立资金池控制、支配资金或者为自己控制的公司融资。网络借贷信息中介机构利用互联网发布信息归集资金，不仅超出了信息中介业务范围，同时也触犯了刑法第一百七十六条的规定。检察机关在办案中要通过对网络借贷平台的股权结构、实际控制关系、资金来源、资金流向、中间环节和最终投向的分析，综合全流程信息，分析判断是规范的信息中介，还是假借信息中介名义从事信用中介活动，是否存在违法设立资金池、自融、变相自融等违法归集、控制、支配、使用资金的行为，准确认定行为性质。

【相关规定】

《中华人民共和国刑法》第一百七十六条

《中华人民共和国商业银行法》第十一条

《最高人民法院关于审理非法集资刑事案件具体应用法律若干问题的解释》（法释〔2010〕18 号）第一条

典型案例

3. 被告人罗某、郑某星等二十一人诈骗案[①]

【基本案情】

2018年以来，黄某某组织数百人在柬埔寨、蒙古等国实施跨境电信网络诈骗犯罪并形成犯罪集团，该诈骗集团设立业务、技术、后勤、后台服务等多个部门。其中，业务部门负责寻找被害人，通过微信聊天等方式，诱骗被害人到虚假交易平台投资。后台服务部门接单后，通过制造行情下跌等方式骗取被害人钱款。该犯罪集团诈骗被害人钱财共计6亿余元。2019年3月至10月，被告人罗某、王某菲等19人先后加入该集团的后台服务部门，罗某任后台服务部门负责人，负责全面工作；王某菲系后台服务部门的骨干成员，负责安排代理和接单人员对接等工作；其余被告人分别负责钱款统计、客服、接单等工作。罗某等人涉案诈骗金额1.7亿余元。被告人郑某星、郑某2人系地下钱庄人员，明知罗某等人实施诈骗，仍长期将银行卡提供给罗某等人使用，并对罗某等人诈骗钱款进行转移。

---

① 《人民法院依法惩治电信网络诈骗犯罪及其关联犯罪典型案例》，载最高人民法院网站，https://www.court.gov.cn/zixun-xiangqing-371131.html，2022年10月17日访问。

【裁判结果】

本案由江苏省南通市通州区人民法院一审，江苏省南通市中级人民法院二审。现已发生法律效力。

法院认为，被告人罗某等人明知犯罪集团组织实施电信网络诈骗犯罪，仍积极参加，诈骗数额特别巨大，其行为均已构成诈骗罪。根据各被告人的犯罪事实、犯罪性质、情节和社会危害程度，以诈骗罪判处被告人罗某有期徒刑十五年，并处罚金人民币一百万元；以诈骗罪判处被告人王某菲、郑某星等人十二年至三年不等有期徒刑，并处罚金。

【典型意义】

电信网络诈骗一般是长期设置窝点作案，有明确的组织、指挥者，骨干成员固定，结构严密，层级分明，各个环节分工明确，各司其职，衔接有序，多已形成犯罪集团，其中起组织、指挥作用的，依法认定为犯罪集团首要分子，其中起主要作用的骨干成员，包括各个环节的负责人，一般认定为主犯，按照其所参与或者组织、指挥的全部犯罪处罚。本案中，黄某某犯罪集团各部门之间分工明确，相互协作，共同完成电信网络诈骗犯罪，其中后台服务部门和地下钱庄均系犯罪链条上不可或缺的一环。人民法院对负责后台服务的负责人罗某、骨干成员王某菲、地下钱庄人员郑某星依法认定为主犯，均判处十年以上有期徒刑，体现了对电信网络犯罪集团首要分子和骨干成员依法严惩的方针。

4. 被告人施某善等十二人诈骗案[1]

【基本案情】

2019 年 3 月至 5 月，被告人施某善指使并帮助被告人刘某等偷越国境到缅甸，搭建虚假期货投资平台，组建以被告人沈某等为组长、被告人余某等为组员的电信诈骗团队，通过建立股票交流微信群方式，将多名被害人拉入群内开设直播间讲解股票、期货投资课程，骗取被害人信任后，冒用广州金控网络科技有限公司名义，以投资期货为由，诱骗被害人向虚假交易平台汇入资金，后关闭平台转移资金。该团伙诈骗被害群众 29 人钱款共计 820 余万元。案发后，被告人施某善、刘某等的亲属代为退赔 76 万余元。

【裁判结果】

本案由山东省济南市市中区人民法院一审。现已发生法律效力。

法院认为，被告人施某善、刘某纠集沈某等 10 人以非法占有为目的，采取虚构事实、隐瞒真相的方法，在境外通过网络

---

① 《人民法院依法惩治电信网络诈骗犯罪及其关联犯罪典型案例》，载最高人民法院网站，https：//www. court. gov. cn/zixun – xiangqing – 371131. html，2022 年 10 月 17 日访问。

手段向不特定多数人骗取财物，数额特别巨大，其行为均已构成诈骗罪。施某善、刘某在共同犯罪中系主犯。刘某具有自首情节并如实供述其所知晓的施某善控制的赃款下落，为公安机关提供了侦查线索，对刘某依法予以减轻处罚。施某善等人通过亲属或本人退缴部分或全部赃款，依法予以从轻处罚。根据各被告人的犯罪事实、犯罪性质、情节和社会危害程度，以诈骗罪判处被告人施某善有期徒刑十一年六个月，并处罚金人民币三十万元；以诈骗罪判处被告人刘某、沈某、余某等人九年六个月至三年不等有期徒刑，并处罚金。

【典型意义】

本案被告人施某善、刘某组织人员前往境外实施电信网络诈骗犯罪，骗取境内被害群众钱款 800 余万元。人民法院准确认定案件事实，彻查涉案赃款流向，与公安、检察机关协调配合，及时查扣、冻结涉案赃款 463 万余元，并灵活运用刑罚调整功能，鼓励被告人退赃退赔。在审判阶段，被告人施某善、刘某等人的亲属代为退赔部分赃款，人民法院按照比例发还各被害人，不足部分责令本案主犯继续退赔，本案从犯在各自分得赃款范围内承担连带退赔责任。全案共计挽回财产损失 539 余万元，追赃挽损率较高。人民法院在依法审判案件的同时，坚持司法为民和全力追赃挽损，鼓励被告人积极退赃退赔，及时返还被害人，最大限度挽回被害群众的经济损失，取得了良好的法律效果和社会效果。

5. 江西省南昌市周某强等人虚构推荐优质股票诈骗案[1]

【基本案情】

2010年5月，被告人周某强为实施诈骗活动，承租了江西省南昌市红谷滩新区红谷经典大厦某楼层，并通过中介注册成立了江西三合科技有限公司。周某强将招聘来的数十名公司员工分配至公司下属名爵、德联、创达三个部门，并安排专人负责财务、后勤等事务。三个部门又各下设客服部、业务组和操盘部。其中，客服部负责群发“经公司拉升的某支股票会上涨”等虚假手机短信，接听股民电话，统计股民资料后交给业务组。业务组负责电话回访客服部提供的股民，以“公司能调动大量资金操纵股票交易”“有实力拉升股票”“保证客户有高收益”等为诱饵，骗取股民交纳数千元不等的“会员费”“提成费”。操盘部又称证券部，由所谓的“专业老师”和“专业老师助理”负责“指导”已交纳“会员费”的客户购买股票，并负责安抚因遭受损失而投诉的客户，避免报案。2010年7月至2011年4月，周某强诈骗犯罪团伙利用上述手段诈骗344名

---

① 《最高人民法院2016年3月4日发布电信网络诈骗犯罪典型案例》，载最高人民法院网站，https：//www. court. gov. cn/zixun－xiangqing－17152. html，2022年10月17日访问。

被害人，骗得钱款共计3763400元。

【裁判结果】

本案由江西省南昌市中级人民法院一审，江西省高级人民法院二审。现已发生法律效力。

法院认为，被告人周某强等人采用虚构事实、隐瞒真相的方法，以“股票服务”的手段骗取他人钱款，其行为已构成诈骗罪。其中，被告人周某强以实施诈骗犯罪为目的成立公司，招聘人员，系主犯。据此，以诈骗罪判处被告人周某强有期徒刑十五年，并处没收财产人民币一百万元；以诈骗罪判处陆某强等被告人十年至二年六个月不等有期徒刑。

【典型意义】

本案是以虚构推荐所谓的“优质股票”为手段实施诈骗的典型案件。随着经济的快速发展，参与炒股的人群急速增多。有不法分子即抓住部分股民急于通过炒股“致富”的心理，通过“推荐优质股票”实施诈骗行为。被告人周某强组织诈骗犯罪团伙，先通过向股民群发股票上涨的虚假短信，后通过电话与股民联系，谎称公司掌握股票交易的“内幕信息”，可由专业技术人员帮助分析股票行情、操纵股票交易，保证所推荐的股票上涨，保证客户获益等，骗取客户交纳“会员费”“提成费”。一旦有受损失的客户投诉、质疑，还有专人负责安抚情绪，避免客户报案。以周某强为主的诈骗团伙分工明确，被害人数众多，诈骗数额特别巨大。希望广大股民在炒股过程中，不要轻信所谓的“内幕消息”，不要盲目依赖所谓的“股票咨询服务”等，应当充分认识股票投资客观上所具有的风险性，谨慎作出投资理财的决定。

第四章　互联网治理

指导性案例

1. 臧某泉等盗窃、诈骗案[①]

（最高人民法院审判委员会讨论通过 2014 年 6 月 23 日发布）

【关键词】

刑事　盗窃　诈骗　利用信息网络

【裁判要点】

行为人利用信息网络，诱骗他人点击虚假链接而实际通过预先植入的计算机程序窃取财物构成犯罪的，以盗窃罪定罪处罚；虚构可供交易的商品或者服务，欺骗他人点击付款链接而骗取财物构成犯罪的，以诈骗罪定罪处罚。

【相关法条】

《中华人民共和国刑法》第二百六十四条、第二百六十六条

---

① 《指导案例 27 号：臧某泉等盗窃、诈骗案》，载最高人民法院网站，https://www.court.gov.cn/shenpan-xiangqing-13333.html，2022 年 9 月 1 日访问。

【基本案情】

一、盗窃事实

2010年6月1日，被告人郑某玲骗取被害人金某195元后，获悉金某的建设银行网银账户内有305000余元存款且无每日支付限额，遂电话告知被告人臧某泉，预谋合伙作案。臧某泉赶至网吧后，以尚未看到金某付款成功的记录为由，发送给金某一个交易金额标注为1元而实际植入了支付305000元的计算机程序的虚假链接，谎称金某点击该1元支付链接后，其即可查看到付款成功的记录。金某在臧某泉诱导下点击了该虚假链接，其建设银行网银账户中的305000元随即通过臧某泉预设的计算机程序，经上海快钱信息服务有限公司的平台支付到臧某泉提前在福州海都阳光信息科技有限公司注册的“kissal23”账户中。臧某泉使用其中的116863元购买大量游戏点卡，并在“小泉先生哦”的某购物网站网店上出售套现。案发后，公安机关追回赃款187126.31元发还被害人。

二、诈骗事实

2010年5月至6月，被告人臧某泉、郑某玲、刘某分别以虚假身份开设无货可供的某购物网站网店铺，并以低价吸引买家。三被告人事先在网游网站注册一账户，并对该账户预设充值程序，充值金额为买家欲支付的金额，后将该充值程序代码植入一个虚假某购物网站网链接中。与买家商谈好商品价格后，三被告人各自以方便买家购物为由，将该虚假某购物网站网链接通过阿里旺旺聊天工具发送给买家。买家误以为是某购物网站网链接而点击该链接进行购物、付款，并认为所付货款会汇入支付宝公司为担保交易而设立的公用账户，但该货款实际通过预设程序转入网游网站在支付宝公司的私人账户，再转入被告人事先在网游网站注册的充值账户中。三被告人获取买家货款后，在网游网站购买游戏点卡、腾讯Q币等，然后将其按事先约定统一放在臧某泉的“小泉先生哦”的某购物网站网店铺上出售套现，所得款均汇入臧某泉的工商银行卡中，由臧某泉按照获利额以约定方式分配。

被告人臧某泉、郑某玲、刘某经预谋后，先后到江苏省苏州市、无锡市、昆山市等地网吧采用上述手段作案。臧某泉诈骗22000元，获利5000余元；郑某玲诈骗获利5000余元；刘某诈骗获利12000余元。

【裁判结果】

浙江省杭州市中级人民法院于2011年6月1日作出(2011)浙杭刑初字第91号刑事判决：一、被告人臧某泉犯盗窃罪，判处有期徒刑十三年，剥夺政治权利一年，并处罚金人民币三万元；犯诈骗罪，判处有期徒刑二年，并处罚金人民币五千元，决定执行有期徒刑十四年六个月，剥夺政治权利一年，并处罚金人民币三万五千元。二、被告人郑某玲犯盗窃罪，判处有期徒刑十年，剥夺政治权利一年，并处罚金人民币一万元；犯诈骗罪，判处有期徒刑六个月，并处罚金人民币二千元，决定执行有期徒刑十年三个月，剥夺政治权利一年，并处罚金人民币一万二千元。三、被告人刘某犯诈骗罪，判处有期徒刑一年六个月，并处罚金人民币五千元。宣判后，臧某泉提出上诉。浙江省高级人民法院于 2011 年 8 月 9 日作出（2011）浙刑三终字第 132 号刑事裁定，驳回上诉，维持原判。

【裁判理由】

法院生效裁判认为：盗窃是指以非法占有为目的，秘密窃取公私财物的行为；诈骗是指以非法占有为目的，采用虚构事实或者隐瞒真相的方法，骗取公私财物的行为。对既采取秘密窃取手段又采取欺骗手段非法占有财物行为的定性，应从行为人采取主要手段和被害人有无处分财物意识方面区分盗窃与诈骗。如果行为人获取财物时起决定性作用的手段是秘密窃取，诈骗行为只是为盗窃创造条件或作掩护，被害人也没有“自愿”交付财物的，就应当认定为盗窃；如果行为人获取财物时起决定性作用的手段是诈骗，被害人基于错误认识而“自愿”交付财物，盗窃行为只是辅助手段的，就应当认定为诈骗。在信息网络情形下，行为人利用信息网络，诱骗他人点击虚假链接而实际上通过预先植入的计算机程序窃取他人财物构成犯罪的，应当以盗窃罪定罪处罚；行为人虚构可供交易的商品或者服务，欺骗他人为支付货款点击付款链接而获取财物构成犯罪的，应当以诈骗罪定罪处罚。本案中，被告人臧某泉、郑某玲使用预设计算机程序并植入的方法，秘密窃取他人网上银行账户内巨额钱款，其行为均已构成盗窃罪。臧某泉、郑某玲和被告人刘某以非法占有为目的，通过开设虚假的网络店铺和利用伪造的购物链接骗取他人数额较大的货款，其行为均已构成诈骗罪。对臧某泉、郑某玲所犯数罪，应依法并罚。

关于被告人臧某泉及其辩护人所提非法获取被害人金某的网银账户内 305000 元的行为，不构成盗窃罪而是诈骗罪的辩解与辩护意见，经查，臧某泉和被告人郑某玲在得知金某网银账户内有款后，即产生了通过植入计算机程序非法占有目的；随后在网络聊天中诱导金某同意支付 1 元钱，而实际上制作了一个表面付款“1 元”却支付 305000 元的假某购物网站网链接，致使金某点击后，其网银账户内 305000 元即被非法转移到臧某泉的注册账户中，对此金某既不知情，也非自愿。可见，臧某泉、郑某玲获取财物时起决定性作用的手段是秘密窃取，诱骗被害人点击“1 元”的虚假链接系实施盗窃的辅助手段，只是为盗窃创造条件或作掩护，被害人也没有“自愿”交付巨额财物，获取银行存款实际上是通过隐藏的事先植入的计算机程序来窃取的，符合盗窃罪的犯罪构成要件，依照刑法第二百六十四条、第二百八十七条的规定，应当以盗窃罪定罪处罚。故臧某泉及其辩护人所提上述辩解和辩护意见与事实和法律规定不符，不予采纳。

2. 董某等四人诈骗案[1]

（检例第38号）

【关键词】

诈骗　自我交易　打车软件　骗取补贴

【基本案情】

被告人董某，无固定职业。

被告人谈某贤，无固定职业。

被告人高某，无固定职业。

被告人宋某华，原系某火车站员工。

2015年，某网约车平台注册登记司机董某、谈某贤、高某、宋某华，分别用购买、租赁未实名登记的手机号注册网约车乘客端，并在乘客端账户内预充打车费一二十元。随后，他们各自虚构用车订单，并用本人或其实际控制的其他司机端账户接单，发起较短距离用车需求，后又故意变更目的地延长乘车距离，致使应付车费大幅提高。由于乘客端账户预存打车费较少，无法支付全额车费。网约车公司为提升市场占有率，按

[1] 《第九批指导性案例——董某等四人诈骗案（检例第38号）》，载最高人民检察院网站，https：//www. spp. gov. cn/spp/jczdal/201710/t20171017_ 202593. shtml，2022年9月2日访问。

照内部规定，在这种情况下由公司垫付车费，同样给予司机承接订单的补贴。四被告人采用这一手段，分别非法获取网约车公司垫付车费及公司给予司机承接订单的补贴。董某获取40664.94元，谈某贤获取14211.99元，高某获取38943.01元，宋某华获取6627.43元。

【诉讼过程和结果】

本案由上海市普陀区人民检察院于2016年4月1日以被告人董某、谈某贤、高某、宋某华犯诈骗罪向上海市普陀区人民法院提起公诉。2016年4月18日，上海市普陀区人民法院作出判决：认定被告人董某、谈某贤、高某、宋某华的行为构成诈骗罪，综合考虑四被告人到案后能如实供述自己的罪行，依法可从轻处罚，四被告人家属均已代为全额退赔赃款，可酌情从轻处罚，分别判处被告人董某有期徒刑一年，并处罚金人民币一千元；被告人谈某贤有期徒刑十个月，并处罚金人民币一千元；被告人高某有期徒刑一年，并处罚金人民币一千元；被告人宋某华有期徒刑八个月，并处罚金人民币一千元；四被告人所得赃款依法发还被害单位。一审宣判后，四被告人未上诉，判决已生效。

【要旨】

以非法占有为目的，采用自我交易方式，虚构提供服务事实，骗取互联网公司垫付费用及订单补贴，数额较大的行为，应认定为诈骗罪。

【指导意义】

当前，网络约车、网络订餐等互联网经济新形态发展迅速。一些互联网公司为抢占市场，以提供订单补贴的形式吸引客户参与。某些不法分子采取违法手段，骗取互联网公司给予的补贴，数额较大的，可以构成诈骗罪。

在网络约车中，行为人以非法占有为目的，通过网约车平台与网约车公司进行交流，发出虚构的用车需求，使网约车公司误认为是符合公司补贴规则的订单，基于错误认识，给予行为人垫付车费及订单补贴的行为，符合诈骗罪的本质特征，是一种新型诈骗罪的表现形式。

【相关规定】

《中华人民共和国刑法》

第二百六十六条　诈骗公私财物，数额较大的，处三年以下有期徒刑、拘役或者管制，并处或者单处罚金；数额巨大或者有其他严重情节的，处三年以上十年以下有期徒刑，并处罚金；数额特别巨大或者有其他特别严重情节的，处十年以上有期徒刑或者无期徒刑，并处罚金或者没收财产。本法另有规定的，依照规定。

3. 李某诈骗、传授犯罪方法牛某等人诈骗案[①]

（检例第105号）

【关键词】

涉嫌数罪　听证　认罪认罚从宽　附条件不起诉　家庭教育指导　社会支持

【要旨】

对于一人犯数罪符合起诉条件，但根据其认罪认罚等情况，可能判处一年有期徒刑以下刑罚的，检察机关可以依法适用附条件不起诉。对于涉罪未成年人存在家庭教育缺位或者不当问题的，应当突出加强家庭教育指导，因案因人进行精准帮教。通过个案办理和法律监督，积极推进社会支持体系建设。

【基本案情】

被附条件不起诉人李某，男，作案时16周岁，高中学生。

被附条件不起诉人牛某，男，作案时17周岁，高中学生。

被附条件不起诉人黄某，男，作案时17周岁，高中学生。

---

① 《第二十七批指导性案例——李某诈骗、传授犯罪方法牛某等人诈骗案（检例第105号）》，载最高人民检察院网站，https：//www. spp. gov. cn/jczdal/202103/t20210303_510511. shtml，2022年9月3日访问。

被附条件不起诉人关某，男，作案时16周岁，高中学生。

被附条件不起诉人包某，男，作案时17周岁，高中学生。

2018年11月至2019年3月，李某利用某电商超市7天无理由退货规则，多次在某电商超市网购香皂、洗发水、方便面等商品，收到商品后上传虚假退货快递单号，骗取某电商超市退回购物款累计8445.53元。后李某将此犯罪方法先后传授给牛某、黄某、关某、包某，并收取1200元“传授费用”。得知这一方法的牛某、黄某、关某、包某以此方法各自骗取某电商超市15598.86元、8925.19元、6617.71元、6206.73元。

涉案五人虽不是共同犯罪，但犯罪对象和犯罪手段相同，案件之间存在关联，为便于查明案件事实和保障诉讼顺利进行，公安机关采纳检察机关建议，对五人依法并案处理。

【检察机关履职过程】

（一）适用认罪认罚从宽制度，发挥惩教结合优势。审查逮捕期间，检察机关依法分别告知五名未成年犯罪嫌疑人及其法定代理人认罪认罚从宽制度的法律规定，促其认罪认罚。五名犯罪嫌疑人均表达了认罪认罚的意愿，并主动退赃，取得了被害方某电商超市的谅解。检察机关认为五人虽利用网络实施诈骗，但并非针对不特定多数人，系普通诈骗犯罪，且主观恶性不大，犯罪情节较轻，无逮捕必要，加上五人均面临高考，因而依法作出不批准逮捕决定。审查起诉阶段，检察机关通知派驻检察院的值班律师向五人及其法定代理人提供法律帮助，并根据五人犯罪情节，认罪悔罪态度，认为符合附条件不起诉条件，提出适用附条件不起诉的意见，将帮教方案和附带条件作为具结书的内容一并签署。

（二）召开不公开听证会，依法决定附条件不起诉。司法实践中，对犯数罪可否适用附条件不起诉，因缺乏明确的法律规定而很少适用。本案中，李某虽涉嫌诈骗和传授犯罪方法两罪，但综合全案事实、社会调查情况以及犯罪后表现，依据有关量刑指导意见，李某的综合刑期应在一年以下有期徒刑，对其适用附条件不起诉制度，有利于顺利进行特殊预防、教育改造。为此，检察机关专门针对李某涉嫌数罪是否可以适用附条件不起诉召开不公开听证会，邀请了未成年犯管教干部、少年审判法官、律师、心理咨询师、公益组织负责人等担任听证员。经听证评议，听证员一致认为应对李某作附条件不起诉，以最大限度促进其改恶向善、回归正途。通过听证，李某认识到自己行为的严重性，李某父母认识到家庭教育中存在的问题，参加听证的各方面代表达成了协同帮教意向。2019 年 12 月 23 日，检察机关对李某等五人依法作出附条件不起诉决定，考验期为六个月。

（三）开展家庭教育指导，因人施策精准帮教。针对家庭责任缺位导致五人对法律缺乏认知与敬畏的共性问题，检察官会同司法社工开展了家庭教育指导，要求五人及其法定代理人在监督考察期间定期与心理咨询师沟通、与检察官和司法社工面谈，并分享法律故事、参加预防违法犯罪宣讲活动。同时，针对五人各自特点分别设置了个性化附带条件：鉴于李某父母疏于管教，亲子关系紧张，特别安排追寻家族故事、追忆成长历程以增强家庭认同感和责任感，修复家庭关系；鉴于包某性格内向无主见、极易被误导，安排其参加“您好陌生人”志愿服务队，以走上街头送爱心的方式锻炼与陌生人的沟通能力，同时对其进行“朋辈群体干扰场景模拟”小组训练，通过场景模拟，帮助其向不合理要求勇敢说“不”；鉴于黄某因达不到父母所盼而缺乏自信，鼓励其发挥特长，担任禁毒教育、网络安全等普法活动主持人，使其在学习法律知识的同时，增强个人荣誉感和家庭认同感；鉴于牛某因单亲家庭而自卑，带领其参加照料空巢老人、探访留守儿童等志愿活动，通过培养同理心增强自我认同，实现“爱人以自爱”；鉴于关某沉迷网络游戏挥霍消费，督促其担任家庭记账员，激发其责任意识克制网瘾，养成良好习惯。

（四）联合各类帮教资源，构建社会支持体系。案件办理过程中，引入司法社工全流程参与精准帮教。检察机关充分发挥“3+1”（检察院、未管所、社会组织和涉罪未成年人）帮教工作平台优势，并结合法治进校园“百千万工程”，联合团委、妇联、教育局共同组建“手拉手法治宣讲团”，要求五人及法定代理人定期参加法治教育讲座。检察机关还与辖区内广播电台、敬老院、图书馆、爱心企业签订观护帮教协议，组织五人及法定代理人接受和参与优秀传统文化教育或实践。2020 年 6 月 22 日，检察机关根据五人在附条件不起诉考察期间的表现，均作出不起诉决定。五人在随后的高考中全部考上大学。

【指导意义】

（一）办理未成年人犯罪案件，对于涉嫌数罪但认罪认罚，可能判处一年有期徒刑以下刑罚的，也可以适用附条件不起诉。检察机关应当根据涉罪未成年人的犯罪行为性质、情节、后果，并结合犯罪原因、犯罪前后的表现等，综合评估可能判处的刑罚。“一年有期徒刑以下刑罚”是指将犯罪嫌疑人交付审判，法院对其可能判处的刑罚。目前刑法规定的量刑幅度均是以成年人犯罪为基准设计，检察机关对涉罪未成年人刑罚的预估要充分考虑“教育、感化、挽救”的需要及其量刑方面的特殊性。对于既可以附条件不起诉也可以起诉的，应当优先适用附条件不起诉。存在数罪情形时，要全面综合考量犯罪事实、性质和情节以及认罪认罚等情况，认为并罚后其刑期仍可能为一年有期徒刑以下刑罚的，可以依法适用附条件不起诉，以充分发挥附条件不起诉制度的特殊功能，促使涉罪未成年人及早摆脱致罪因素，顺利回归社会。

（二）加强家庭教育指导，提升考察帮教效果。未成年人犯罪原因往往关联家庭，预防涉罪未成年人再犯，同样需要家长配合。检察机关在办理附条件不起诉案件中，不仅要做好对涉罪未成年人自身的考察帮教，还要通过家庭教育指导，争取家长的信任理解，引导家长转变家庭教育方式，自愿配合监督考察，及时解决问题少年背后的家庭问题，让涉罪未成年人知法悔过的同时，在重温亲情中获取自新力量，真正实现矫治教育预期目的。

（三）依托个案办理整合帮教资源，推动未成年人检察工作社会支持体系建设。检察机关办理未成年人犯罪案件，要在社会调查、人格甄别、认罪教育、不公开听证、监督考察、跟踪帮教等各个环节，及时引入司法社工、心理咨询师等各种专门力量，积极与教育、民政、团委、妇联、关工委等各方联合，依托党委、政府牵头搭建的多元化协作平台，做到专业化办案与社会化支持相结合，最大限度地实现对涉罪未成年人的教育、感化和挽救。

【相关规定】

《中华人民共和国刑法》第二百六十六条、第二百九十五条

《中华人民共和国刑事诉讼法》第一百七十三条、第二百七十七条、第二百八十二条

《人民检察院刑事诉讼规则》第十八条、第四百五十七条、第四百六十三条、第四百八十条

《未成年人刑事检察工作指引（试行）》第一百七十七条、第一百八十八条

《关于适用认罪认罚从宽制度的指导意见》第十九条、第

二十三条、第二十六条、第二十七条、第二十八条、第二十九条、第三十条、第三十一条

典型案例

4. 陈某等9人诈骗案[①]

【基本案情】

被告人陈某伙同被告人张某、姚某峰等人于2012年9月在湖北省武汉市成立了“武汉康伴益生科技有限公司”和“武汉益生康伴商贸有限公司”。陈某等人以合法公司为掩护，在武汉市江岸区和江汉区分别设立两个窝点，组织朱某娇、夏某禄、刘某等一百余名团伙成员实施电信诈骗。该团伙购买电脑、电话、手机等工具后，为每名团伙成员注册微信，统一使用伪造的“马天长”“吕柳荫”等人的图片为微信头像和以“秦小姐的补肾方”“马氏中医补肾方”“吕柳荫膏滋团队”等为微信昵称，专门针对患有各种男女生理疾病或脱发人群为目标，在网络、微信公众号等载体上发布治疗男女生理疾病或治疗脱发的广告，诈骗被害人浏览广告并填写联系电话或添加微信号之后，由团伙成员假扮名医或医疗机构专业人员的亲属、

① 《电信网络诈骗犯罪典型案例》，载最高人民法院网站，https：//www. court. gov. cn/zixun－xiangqing－200671. html，2022年9月3日访问。

学生，根据“话术剧本”，使用电话或微信对被害人进行“问诊”，向被害人介绍产品，让被害人发送舌苔照和手指甲照片，再以客服名义对被害人进行“问诊”，以“指导老师”“健康顾问”名义与被害人沟通，取得信任后诱骗被害人购买不具有药品功效的保健品或食品。自2016年6月16日至11月1日，陈某、姚某峰、张某组织该团伙成员共计诈骗被害人8945人，诈骗钱款1000余万元。

【裁判结果】

本案由内蒙古自治区达拉特旗人民法院一审，鄂尔多斯市中级人民法院二审。现已发生法律效力。

法院认为，被告人陈某等人以非法占有为目的，通过虚构事实、隐瞒真相的方式，利用电信网络技术手段，骗取他人财物，数额特别巨大，其行为均已构成诈骗罪。其中，被告人陈某系共同犯罪中的主犯，应按照其组织的全部犯罪处罚。据此，以诈骗罪判处被告人陈某有期徒刑十三年，并处罚金人民币四十万元；以诈骗罪判处被告人姚某峰等人十二年至三年不等有期徒刑。

【典型意义】

当前，一些诈骗分子利用广大群众特别是一些患有特殊疾病或者中老年群众关注自身身体健康的心理，专门针对这些群体，推销所谓的“药品”或者是不具有药品功效的保健品、食品，骗取巨额款项，社会影响极为恶劣。本案以被告人陈某为首的诈骗集团成立公司为掩护，专门以各种男女生理疾病人群为目标，通过在网络、微信等载体发布虚假广告，假扮名医利用电话或微信“问诊”，采用扩大病情、发送“成功案例”等手段实施诈骗，受害人遍布全国多地，涉案金额高达1000余万元，系特大电信诈骗案件，与本案关联的其他7起窝案、串案经依法审理，85名涉案被告人均以诈骗罪定罪处罚。

5. 童某侠等7人诈骗案[①]

【基本案情】

被告人童某侠（女）曾参与过号称“民族大业”的活动，随着类似活动的演变，从2015年12月开始，有所谓的“海外老人”“海外要员”与童某侠联系，声称海外有三千多亿人民币要发放给老百姓，但不愿意通过政府，想邀请童某侠具体实施。童某侠表示同意后，对方发给童某侠“大陆民族资产解冻委员会总指挥”的任命书。为获取群众信任，童某侠等人在微信群内散发大量伪造的“任命书”“委托书”“中央军库派令”“梅花令”等身份证明及文件，伪造国务院、财政部、国家扶

---

① 《电信网络诈骗犯罪典型案例》，载最高人民法院网站，https：//www. court. gov. cn/zixun－xiangqing－200671. html，2022年9月3日访问。

贫开发领导小组文件，以受中央领导和军委指示及国务院的指派来解冻民族资产为由，对外宣称只要民众交纳报名费、办证费、会员费加入“中华民族大业”组织后，就可以获得等次不同的扶贫款和奖励等高额回报。在童某侠的领导下，被告人郜某、张某峰等人先后加入“民族大业”组织，积极从事“解冻民族资产”活动。童某侠所领导的整个组织实行层级负责制，管理层下设省、市团队负责人，每个团队下设若干大组长，大组长下设小组长，小组长之下就是会员。该组织运行方式为：“海外老人”们的助理将包含“民族资产解冻”内容的宣传资料发送到童某侠邮箱，管理层人员把项目内容加工整理后以童某侠名义在手机微信群里发布，要求会员按项目内容交纳几十元、几百元不等的办证费，称在短时间内可获得几十万元、几百万元不等的高额回报。该组织还以到人民大会堂开会为由收取统一服装费，以公证、转账手续费、保证金等理由收取费用。会员所交的费用由各省市负责人汇总后转款到童某侠的银行卡上，童某侠再把款项转到相应项目的“海外老人”助理的银行卡上，“海外老人”及其助理使用 POS 机套现后将资金隐匿。童某侠所发展的“民族大业”组织遍布全国十多个省市，共骗取他人财物合计 9500 余万元，其中 4800 余万元转入“海外老人”助理的银行账户。

【裁判结果】

本案由湖南省桑植县人民法院一审，张家界市中级人民法院二审。现已发生法律效力。

法院认为，被告人童某侠等人以非法占有为目的，利用“民族资产解冻”的幌子，虚构事实骗取他人财物，诈骗金额特别巨大，其行为均已构成诈骗罪。童某侠利用虚假的任命身份等文件，以“民族资产解冻”的名义开展各种以小博大的收费活动，在被群众揭穿及公安机关介入后，又编造谎言继续实施欺骗行为，且系犯罪组织的领导者，纠集、支配其他组织成员。据此，以诈骗罪判处被告人童某侠有期徒刑十三年，剥夺政治权利三年，并处罚金人民币二十万元；以诈骗罪判处被告人张某峰等人六年至三年不等有期徒刑。

【典型意义】

本案系被告人黄某良等人诈骗案（详见第二章第4案）的关联案件，被告人童某侠系受“民族资产解冻”类犯罪代理人，即受幕后组织操纵者黄某良等人的指使，负责推广虚假项目，发展、管理会员，收取钱财的管理人员。各级代理人对幕后组织操纵者言听计从，建微信群、拉人头，大肆发展下线，收取各种名目的费用，沦为诈骗犯罪分子的工具。部分代理人甚至在识破幕后操纵者的骗局后，自行巧立名目，捏造各种虚假项目继续实施诈骗。代理人的存在，对于“民族资产解冻”类诈骗犯罪能够在短时间内迅速层层发展下线，呈裂变式传播，不断扩大涉案被害人规模起到巨大作用，危害后果十分严重，是司法机关依法从严打击的对象。

6. 朱某等人诈骗案①

【基本案情】

2013年5月，被告人朱某出资组建某现货交易平台，纠集和聘用被告人艾某、陈某、姚某林加入，与代理商勾结，先以可提供所谓的内幕交易信息为由，诱骗客户进入电子商务平台进行交易，后通过指令操盘手，采用抛单卖出或用虚拟资金购进产品的手段，控制产品大盘行情向客户期望走势相反的方向发展，通过虚假的产品行情变化，达到使被诱骗加入平台交易的客户亏损的目的。朱某等人有时也刻意在客户小额投资后，促其盈利，以骗其投入大额资金，牟取大额客损。2013年9月至2014年2月，朱某、艾某、陈某、姚某林通过上述以虚拟资金操控交易平台的手段，共骗取客户资金215余万元。按照事先与代理商约定的比例计算，朱某、艾某、陈某、姚某林从中获得诈骗资金约75万元。

【裁判结果】

本案由湖南省南县人民法院一审，益阳市中级人民法院二

---

① 《电信网络诈骗犯罪典型案例》，载最高人民法院网站，https：//www.court.gov.cn/zixun－xiangqing－200671.html，2022年9月3日访问。

审。现已发生法律效力。

法院认为，被告人朱某以非法占有为目的，纠集和聘用被告人艾某、陈某、姚某林，利用电子商务平台，操纵农产品行情诱骗客户交易，从客损中获利，数额特别巨大，其行为均已构成诈骗罪。在共同犯罪中，朱某纠集人员参与犯罪，发起、组织和统筹运作交易活动，艾某通过给操盘手下达指令控制平台虚拟行情走势，实施欺诈行为，均系主犯。据此，以诈骗罪判处被告人朱某有期徒刑十四年，以诈骗罪判处被告人艾某、陈某、姚某林十一年至四年不等有期徒刑，并处十万元至六万元不等罚金。

【典型意义】

电信网络诈骗案件的犯罪手法隐蔽性强，花样翻新快。本案中，被告人先成立网上交易平台，利用业务员及代理商吸收客户，以提供虚假内幕交易信息为由，骗取客户进入平台交易，当客户高价买入相关农产品后，再指令操盘手运作人为造成跌势，迫使客户低价卖出，以牟取大额客损。此种新型网络诈骗犯罪手段更加隐蔽，迷惑性强，容易使人上当受骗。虽然被告人是借助电子商务平台进行交易，但其行为本质仍在于虚构事实、隐瞒真相，以达到非法占有他人财物的目的，其行为完全符合诈骗罪特征，本案定罪准确。

7. 邵某雄诈骗案[①]

【基本案情】

2014年年底，被告人邵某雄受他人纠集，明知是通过电信诈骗活动收取的赃款，仍然从银行取出汇入上线指定的银行账户，并从中收取取款金额的10%作为报酬。之后，邵某雄发展张某作为下线，向张某提供了数套银行卡，承诺支付取款金额的5%作为报酬，同时要求张某继续发展多名下线参与取款。通过上述方式，邵某雄逐步形成了相对固定的上下线关系。自2014年12月至2015年7月，被告人邵某雄参与作案38起，涉案金额高达48.44万元。2016年2月，邵某雄到公安机关投案。

【裁判结果】

本案由湖南省津市市人民法院一审，被告人邵某雄服判未上诉。现已发生法律效力。

法院认为，被告人邵某雄以非法占有为目的，伙同他人利用电信网络采取虚构事实的方法，骗取他人财物，数额巨大，

---

① 《电信网络诈骗犯罪典型案例》，载最高人民法院网站，https://www.court.gov.cn/zixun-xiangqing-200671.html，2022年9月3日访问。

其行为已构成诈骗罪。本案系通过拨打电话、发短信等对不特定的多数人进行诈骗，且系多次诈骗，酌情对被告人邵某雄从重处罚。因本案系共同犯罪，在犯罪过程中，邵某雄仅参与了转移诈骗赃款的过程，起辅助作用，系从犯，可从轻处罚。且邵某雄有自首情节，可依法从轻处罚。据此，以诈骗罪判处被告人邵某雄有期徒刑五年三个月，并处罚金人民币五万元。

【典型意义】

围绕电信网络诈骗犯罪，诱发、滋生了大量上下游关联违法犯罪，这些关联犯罪为诈骗犯罪提供各种“服务”和“支持”，形成以诈骗为中心的系列“黑灰色”犯罪产业链，如出售、提供公民个人信息、帮助转移赃款等活动。“两高一部”《关于办理电信网络诈骗等刑事案件适用法律若干问题的意见》对于全面惩处关联犯罪作出了明确规定。本案中，被告人邵某雄明知赃款是诈骗犯罪所得，仍为诈骗分子转移犯罪赃款提供帮助和支持，对其以诈骗罪的共犯判处，体现了司法机关对电信网络诈骗关联犯罪从严惩处的态度。

8. 杨某巍诈骗案[①]

【基本案情】

2018年7月，被告人杨某巍伙同他人在海南省儋州市兰洋镇，利用电信网络，实施招嫖诈骗活动。杨某巍等人冒充可上门提供性服务的女性，使用作案微信与被害人聊天，获取被害人信任后，其他同伙负责给被害人打电话并发送二维码诱骗被害人转账付款，诈骗所得款由杨某巍分得20%。通过以上方式，杨某巍共计骗取被害人12696元。

【裁判结果】

本案由海南省儋州市人民法院一审，被告人杨某巍服判未上诉。现已发生法律效力。

法院认为，被告人杨某巍以非法占有为目的，伙同他人通过互联网发布虚假信息，实施诈骗，骗取他人数额较大的财物，其行为已构成诈骗罪。杨某巍在犯罪过程中负责使用作案微信与被害人聊天，并分得诈骗所得款的20%，在共同犯罪中是主犯，且系诈骗累犯，依法应从重处罚。据此，以诈骗罪判

① 《电信网络诈骗犯罪典型案例》，载最高人民法院网站，https：//www.court.gov.cn/zixun－xiangqing－200671.html，2022年9月3日访问。

处被告人杨某巍犯有期徒刑二年一个月，并处罚金人民币二万元。

【典型意义】

近年来，微信招嫖类诈骗案件在多地发生。作为一种新型的诈骗案件，因案件受害人系招嫖被骗，发案后心存顾虑，多选择吃哑巴亏而不予报案，导致侦破和打击难度加大。此类案件虽然案值不大，但严重败坏了社会风气，对当地治安形势造成恶劣影响。本案的审理体现了人民法院对此类新型诈骗犯罪行为从严打击的决心和力度。

9. 被告人吴某成等五人诈骗案①

【基本案情】

2020年10月，被告人吴某成为非法牟利，伙同吴某东在抖音上私信被害人，在得知被害人系未成年人后，假称被害人中奖并要求添加其QQ好友领奖，之后向被害人发送虚假的中奖转账截图，让被害人误认为已收到转账。当被害人反馈未收到转账时，吴某成等便要求被害人使用家长的手机，按其要求

① 《人民法院依法惩治电信网络诈骗犯罪及其关联犯罪典型案例》，载最高人民法院网站，https://www.court.gov.cn/zixun-xiangqing-371131.html，2022年10月17日访问。

输入代码才能收到转账，诱骗被害人向其提供的银行卡或支付宝、微信账户转账、发红包，骗取被害人钱财。被告人邱某友、李某华、吕某泽按照吴某成的安排，为吴某成提供银行卡、支付宝、微信账户，帮助收款、转款，并按照诈骗金额分成。2020 年 10 月至 2021 年 1 月，吴某成等人共计骗取 5 名被害人（10 周岁至 11 周岁）的钱财 6 万余元。

【裁判结果】

本案由重庆市武隆区人民法院一审，重庆市第三中级人民法院二审。现已发生法律效力。

法院认为，被告人吴某成、吴某东以非法占有为目的，利用电信网络技术手段，虚构事实，骗取他人财物；被告人邱某友、李某华、吕某泽明知他人实施电信网络犯罪，仍帮助接收、转移诈骗犯罪所得，五被告人的行为均已构成诈骗罪。被告人吴某成在共同犯罪中系主犯。吴某成等人对未成年人实施诈骗，酌情从重处罚。根据各被告人的犯罪事实、犯罪性质、情节和社会危害程度，以诈骗罪判处被告人吴某成有期徒刑三年六个月，并处罚金人民币三万五千元；以诈骗罪判处被告人吴某东等人二年四个月有期徒刑至三个月拘役，并处罚金。

【典型意义】

本案被告人吴某成等人利用未成年人涉世未深、社会经验欠缺、容易轻信对方、易受威胁等特点实施诈骗，严重侵害未成年人合法权益，犯罪情节恶劣。“两高一部”《关于办理电信网络诈骗等刑事案件适用法律若干问题的意见》规定，诈骗残疾人、老年人、未成年人、在校学生、丧失劳动能力人的财物，或者诈骗重病患者及其亲属财物的，酌情从重处罚。人民法院对吴某成依法从重处罚，充分体现了人民法院坚决保护未成年人合法权益，严厉惩处针对未成年人犯罪的鲜明立场。

10. 被告人黄某等三人诈骗案[①]

【基本案情】

被告人黄某、刘某杰、许某在湖北省武汉市成立“电子商务公司”，招聘业务员从事诈骗犯罪活动。三人分工配合共同完成诈骗，并按诈骗金额比例提成，同时还发展“代理公司”，提供诈骗话术、培训诈骗方法、提供各种技术支持和资金结算服务，并从“代理公司”诈骗金额中收取提成。该公司由业务员冒充美女主播等身份，按照统一的诈骗话术在网络社交平台诱骗被害人交友聊天，在谎称送礼物得知被害人收货地址后，制造虚假发货信息以诱骗被害人在黄某管理的微店购买商品回送业务员，微店收款后安排邮寄假名牌低价物品给被害人博取

① 《人民法院依法惩治电信网络诈骗犯罪及其关联犯罪典型案例》，载最高人民法院网站，https：//www. court. gov. cn/zixun - xiangqing - 371131. html，2022 年 10 月 17 日访问。

信任。之后，业务员再将被害人信息推送至刘某杰等人负责的直播平台，按诈骗话术以直播打赏PK为由，诱骗被害人在直播平台充值打赏。2020年4月至9月，黄某和刘某杰诈骗涉案金额365.2万元，许某诈骗涉案金额454.2万元。审判阶段许某退缴赃款8.1万余元。

【裁判结果】

本案由安徽省明光市人民法院一审。现已发生法律效力。

法院认为，被告人黄某、刘某杰、许某以非法占有为目的，伙同他人利用电信网络实施诈骗，数额特别巨大，其行为均已构成诈骗罪。在共同犯罪中，黄某、刘某杰、许某均系主犯。许某自愿认罪认罚，积极退缴赃款，依法予以从轻处罚。根据各被告人的犯罪事实、犯罪性质、情节和对社会的危害程度，以诈骗罪分别判处被告人黄某、刘某杰有期徒刑十二年，并处罚金人民币十八万元；以诈骗罪判处被告人许某有期徒刑十一年六个月，并处罚金人民币十五万元。

【典型意义】

当前，电信网络诈骗的手法持续演变升级，犯罪分子紧跟社会热点，随时变化诈骗手法和“话术”，令人防不胜防。本案被告人将传统的结婚交友类“杀猪盘”诈骗，与当下流行的网络购物、物流递送、直播打赏等相结合，多环节包装实施连环诈骗，迷惑性很强。希望广大网友提高警惕，不要轻信网络社交软件结识的陌生人，保护好个人信息，保持清醒，明辨是非，谨防上当受骗。

11. 海南省儋州市羊某记开设虚假机票网站诈骗案①

【基本案情】

2014 年 7 月起，被告人羊某记伙同他人开设虚假的代购机票网站“航空票务”，以实施网络诈骗。当被害人上网搜索到虚假的代购机票网站，并拨打电话 4008928000 联系时，即以“代购机票机器故障”或“票号不对，未办理成功”等为由，诱骗被害人到自动取款机进行操作，转账汇款至被告人指定的账号，羊某记负责取款。羊某记等人用此种手段诈骗二起，骗得金额共计 49573 元。

【裁判结果】

本案由海南省儋州市人民法院审理。现已发生法律效力。

法院认为，被告人羊某记以非法占有为目的，伙同他人用虚构事实的方法，通过互联网骗取被害人钱财，数额较大，其行为已构成诈骗罪。据此，以诈骗罪判处被告人羊某记有期徒

① 《最高人民法院 2016 年 3 月 4 日发布电信网络诈骗犯罪典型案例》，载最高人民法院网站，https://www.court.gov.cn/zixun-xiangqing-17152.html，2022 年 10 月 17 日访问。

刑一年八个月，并处罚金人民币四千元。

【典型意义】

本案是通过开设虚假机票网站进行诈骗的典型案件。目前选择航空方式出行的人越来越多，通过网络或电话订购机票也已成为常态。本案中，被告人通过开设虚假的机票网站，当被害人订购机票时，以“机器故障”等为由，诱骗被害人将钱款转账至被告人控制的银行账户，从而骗得钱财。希望群众在准备出行时，向各大航空公司的正规官方网站或客服热线订票或进行退票、改签等操作，切不可贸然选择陌生网站并听从陌生电话的指挥进行转账汇款。

12. 广西壮族自治区宾阳县罗某成、罗某胜假冒 QQ 好友诈骗案[①]

【基本案情】

2014 年 8 月至 11 月，被告人罗某成、罗某胜利用在互联网上盗取的 QQ 号码或者利用将其申请的 QQ 号码信息更改为被害人亲属的 QQ 信息等方式，冒充被害人亲属的身份，以

① 《最高人民法院 2016 年 3 月 4 日发布电信网络诈骗犯罪典型案例》，载最高人民法院网站，https：//www. court. gov. cn/zixun－xiangqing－17152. html，2022 年 10 月 17 日访问。

“亲友出车祸急需借钱救治”等理由，诱骗被害人汇款至其指定账户。罗某成、罗某胜用此种手段实施诈骗二起，骗得金额共计65000元。

【裁判结果】

本案由广西壮族自治区宾阳县人民法院审理。现已发生法律效力。

法院认为，被告人罗某成、罗某胜以非法占有为目的，通过QQ采取虚构事实、隐瞒真相的方式，骗取他人财物，数额巨大，其行为均已构成诈骗罪；罗某胜明知是犯罪所得而予以转移，其行为还构成掩饰、隐瞒犯罪所得罪。据此以诈骗罪判处被告人罗某成有期徒刑四年，并处罚金人民币一万元；以诈骗罪、掩饰、隐瞒犯罪所得罪判处被告人罗某胜有期徒刑二年，并处罚金人民币五千元。

【典型意义】

本案是假冒QQ好友身份进行诈骗的典型案件。目前QQ、微信等网络聊天软件已经替代传统方式成为社会主流沟通方式。这种以网络账号代表身份、“见字不见人”的聊天方式，容易被犯罪分子利用进行诈骗。本案中，被告人通过QQ号码冒充被害人亲属，以“亲友出车祸急需借钱救治”等容易使被害人心急冲动而不进行理性分析判断的借口，诱骗被害人汇款至其指定账户。希望广大QQ用户、微信用户注意对本人网络聊天工具用户信息的保护，以防被盗，一旦被盗要及时向软件运营方报案。同时，在收到亲友网上发送的要求转账之类的信息时，应认真进行核实，切不可贸然汇款。此外，网络聊天工具的运营方也应加强监管和技术革新，切实保护用户的个人信息安全。

相关案例

13. 刘某兵合同诈骗案①

【基本案情】

2017 年 10 月至 2018 年 1 月，被告人刘某兵伙同张某、李某阳（均另案处理），使用伪造的中国农业银行、交通银行、中国银行等多家银行的流动资金借款合同、最高额抵押合同等证明文件，以科技公司、生态农业公司、商贸公司、贸易公司、农业公司、文化传播公司、环保科技公司、贸易 2 公司、农业开发公司、食品公司的名义，签订虚假的网络借贷服务协议、网络借贷协议，骗取网络科技公司从出借人募集的资金人

① 《刘某兵合同诈骗二审刑事裁定书》，载中国裁判文书网，https：//wenshu. court. gov. cn/website/wenshu/181107ANFZ0BXSK4/index. html？ docId = a0399c1dd68a47139512ace0000900c6，2022 年 9 月 2 日访问；《刘某兵合同诈骗一审刑事判决书》，载中国裁判文书网，https：//wenshu. court. gov. cn/website/wenshu/181107ANFZ0BXSK4/index. html？ docId = 4cdcfd2ebd0d4bd5b601ace0000948d0，2022 年 9 月 2 日访问。

民币 885 万多元。案发后，网络科技公司对出借人本息进行了垫付。被告人刘某兵于 2019 年 1 月 10 日被公安机关抓获归案。大部分赃款未追缴。

【法院裁判】

北京市第一中级人民法院经审理认为，被告人刘某兵以非法占有为目的，在签订、履行合同过程中，骗取对方当事人财物，其行为已构成合同诈骗罪，北京市人民检察院第一分院指控被告人刘某兵犯合同诈骗罪的事实清楚，证据确实、充分，指控罪名成立。被告人刘某兵犯合同诈骗罪，数额特别巨大，情节特别严重，依法应予惩处。据此，依照《中华人民共和国刑法》第二百二十四条、第五十五条第一款、第五十六条、第五十二条、第五十三条第一款、第六十一条、第六十四条以及《最高人民法院关于适用财产刑若干问题的规定》第五条之规定，判决如下：

一、被告人刘某兵犯合同诈骗罪，判处有期徒刑十三年，剥夺政治权利三年，并处罚金人民币十三万元。

（刑期从判决执行之日起计算，判决执行以前先行羁押的，羁押一日折抵刑期一日，即自 2019 年 1 月 10 日起至 2032 年 1 月 9 日止。罚金自本判决生效第二日起十日内缴纳。）

二、在案冻结的银行账户内的钱款，部分发还被害单位网络科技有限公司，部分退回北京市人民检察院第一分院处理。

三、责令被告人刘某兵退赔违法所得人民币八百八十五万五千二百八十元的不足部分发还被害单位网络科技有限公司。

一审宣判后，原审被告人刘某兵不服，提出上诉。北京市高级人民法院经审理认为，上诉人刘某兵以非法占有为目的，在签订、履行合同过程中，骗取对方当事人财物，且数额特别巨大，情节特别严重，其行为已构成合同诈骗罪，依法应予惩处。一审法院根据刘某兵犯罪的事实、性质、情节及对于社会的危害程度所作的判决，事实清楚，证据确实、充分，定罪及适用法律正确，量刑适当，审判程序合法，应予维持。据此，本院依照《中华人民共和国刑事诉讼法》第二百三十六条第一款第（一）项之规定，裁定如下：

驳回上诉，维持原判。

14. 林某德、刘某诈骗案[①]

【基本案情】

2014 年，被告人周某煌、林某德、刘某经过商议，在婚恋网站发布单身男性寻找对象的信息，以单身女性作为诈骗对象，在取得被害人信任时，以投资高额回报的项目为诱饵，骗

① 《林某德、刘某诈骗二审刑事判决书》，载中国裁判文书网，https：//wenshu. court. gov. cn/website/wenshu/181107ANFZ0BXSK4/index. html？ docId = sdm5Qb3 + epvS4TbjWBnx5CHWOgOiUPnOmndX1f6kwCfbXsfEsIEZCpO3qNaLMqsJLtMGU + Mc34789TnmiwgXuCN05NRB6QgWvb77MR4zDn6tg8gXbijUfoAXYW + WiQvE，2022 年 10 月 25 日访问。

取被害人财物。其中，被告人周某煌是该团伙的首脑，负责出资购买作案工具、承租作案场所、支付该团伙所有成员的生活费用、向团伙成员传授诈骗犯罪方法、支配赃款、分配赃款；被告人林某德负责为实施诈骗出谋献策、协助周某煌管理团伙成员、向团伙成员传授诈骗犯罪方法、在诈骗过程中伪装其他同伙“上级领导”的身份与被害人沟通，以进一步骗取被害人的信任；被告人刘某负责为团伙纠集新成员、协助周某煌管理团伙成员、向新成员传授诈骗犯罪方法、直接通过婚恋网物色目标实施诈骗；被告人刘某1通过刘某的介绍，于2014年5月加入该团伙，负责在婚恋网物色目标实施诈骗；被告人宋某、陈某通过刘某的介绍，于2016年3月加入该团伙，负责在婚恋网物色目标实施诈骗。

2015年至2016年11月，该团伙先后租赁上海市松江区云润家园、上海市松江区康城花园、上海市松江区象屿名城的出租屋为作案场所。

2016年6月，被告人刘某1化名为“沈某栋”，通过世纪某婚恋网结识身在澳大利亚的被害人李某华，向李某华自称是香港盛中投资有限公司的办公室主任，被告人林某德则化名为“徐某东”，充当“沈某栋”的领导与被害人联系。经过一段时间的交往，林某德、刘某1获得了被害人信任，于2016年8月至11月以投资高额回报的项目为诱饵，多次诱骗被害人李某华将881117美元、4279000元人民币支付到指定的银行账户（其中2016年11月7日至11月9日，向户名为张某财的中国民生银行深圳市分行红岭支行账户支付3779000元人民币）。

被告人陈某加入该团伙后，通过世纪某婚恋网结交多名被害人，累计发送诈骗信息18246条，企图实施诈骗。其中，2016年12月29日，陈某诱骗马来西亚的被害人骆某琴投资，向被害人骆某琴索要5000美元，但被拒绝。

被告人宋某加入该团伙后，通过世纪某婚恋网结交多名被害人，累计发送诈骗信息54455条，企图实施诈骗。其中，宋某诱骗澳大利亚的被害人王某及另一名加拿大被害人各投资10000美元，但均未得逞。

【法院裁判】

一审法院经审理认为，被告人周某煌、林某德、刘某、刘某1、宋某、陈某以非法占有为目的，以虚构事实的方法，骗取他人财物，数额特别巨大，其行为均已构成诈骗罪。被告人周某煌、林某德、刘某组织、策划实施涉案犯罪行为，被告人刘某1物色被害人李某华为作案对象，具体实施诈骗行为，在犯罪中起主要作用，是主犯，应按照其参与的全部犯罪处罚；被告人宋某、陈某在犯罪中起次要作用，是从犯，依法予以减轻处罚。依照《中华人民共和国刑法》第二百六十六条、第二十五条第一款、第二十六条第一款和第四款、第二十七条、第六十四条，《最高人民法院、最高人民检察院关于办理诈骗刑事案件具体应用法律若干问题的解释》第一条之规定，作出判决：

（一）被告人周某煌犯诈骗罪，判处有期徒刑十二年，并处罚金人民币 50 万元；

（二）被告人林某德犯诈骗罪，判处有期徒刑十一年，并处罚金人民币 40 万元；

（三）被告人刘某犯诈骗罪，判处有期徒刑十年，并处罚金人民币 20 万元；

（四）被告人刘某 1 犯诈骗罪，判处有期徒刑十年，并处罚金人民币 20 万元；

（五）被告人宋某犯诈骗罪，判处有期徒刑三年，并处罚金人民币 5 万元；

（六）被告人陈某犯诈骗罪，判处有期徒刑三年六个月，并处罚金人民币 5 万元；

（七）冻结、扣押在案的赃款及非法所得发还被害人李某华；责令六名被告人继续退赔被害人李某华的损失；扣押在案的作案工具手机等予以没收，由扣押机关依法处理。

二审法院经审理认为，上诉人林某德、刘某、刘某 1、陈某、宋某、原审被告人周某煌以非法占有为目的，虚构事实，结伙实施诈骗活动，骗取他人财物数额特别巨大，其行为均已构成诈骗罪。在共同犯罪中，原审被告人周某煌、上诉人林某德、刘某、刘某 1 是主犯，应按照其实施的犯罪追究刑事责任；上诉人陈某、宋某是从犯，依法可予减轻处罚。上诉人刘某归案后认罪态度较好，协助司法机关抓捕同案犯，有立功表现，依法可予减轻处罚。原审判决认定的事实清楚，证据确实、充分，适用法律正确，审判程序合法，但未认定刘某有立功表现，对陈某量刑过重，应予纠正。刘某、陈某上诉请求改判的理由成立，应于采纳；其余上诉理由及辩护意见不能成立，不予采纳。依照《中华人民共和国刑法》第二百六十六条、第二十六条第一款和第四款、第二十七条、第六十八条、第六十四条以及《中华人民共和国刑事诉讼法》第二百三十六条第一款第二项之规定，判决如下：

一、驳回上诉人林某德、刘某1、宋某的上诉，维持广东省深圳市中级人民法院（2017）粤03刑初853号刑事判决第一、第二、第四、第五项对原审被告人周某煌、上诉人林某德、刘某1、宋某的定罪量刑、第三、第六项对上诉人刘某、陈某的定罪部分，以及该判决第七项。

二、撤销广东省深圳市中级人民法院（2017）粤03刑初853号刑事判决第三、第六项对上诉人刘某、陈某的量刑部分。

三、上诉人刘某犯诈骗罪，判处有期徒刑七年，并处罚金人民币十五万元。

（刑期自判决执行之日起计算。判决执行前先行羁押的，羁押一日折抵刑期一日，即自2016年12月29日至2023年12月28日止；罚金限于判决生效后一个月内向一审法院缴纳。）

四、上诉人陈某犯诈骗罪，判处有期徒刑三年，并处罚金人民币五万元。

（刑期自判决执行之日起计算。判决执行前先行羁押的，羁押一日折抵刑期一日，即自 2016 年 12 月 29 日至 2019 年 12 月 28 日止；罚金限于判决生效后一个月内向一审法院缴纳。）

第五章　综合措施

指导性案例

1. 郭某升、郭某锋、孙某标假冒注册商标案[①]

（最高人民法院审判委员会讨论通过2017年3月6日发布）

【关键词】

刑事　假冒注册商标罪　非法经营数额　网络销售　刷信誉

【裁判要点】

假冒注册商标犯罪的非法经营数额、违法所得数额，应当综合被告人供述、证人证言、被害人陈述、网络销售电子数据、被告人银行账户往来记录、送货单、快递公司电脑系统记录、被告人等所作记账等证据认定。被告人辩解称网络销售记录存在刷信誉的不真实交易，但无证据证实的，对其辩解不予采纳。

---

① 《指导案例87号：郭某升、郭某锋、孙某标假冒注册商标案》，载最高人民法院网站，https：//www. court. gov. cn/fabu－xiangqing－37702. html，2022年10月17日访问。

【相关法条】

《中华人民共和国刑法》第二百一十三条

【基本案情】

公诉机关指控：2013 年 11 月底至 2014 年 6 月，被告人郭某升为谋取非法利益，伙同被告人孙某标、郭某锋在未经三星（中国）投资有限公司授权许可的情况下，从他人处批发假冒三星手机裸机及配件进行组装，利用其在某购物网站网上开设的“三星数码专柜”网店进行“正品行货”宣传，并以明显低于市场价格公开对外销售，共计销售假冒的三星手机 20000 余部，销售金额 2000 余万元，非法获利 200 余万元，应当以假冒注册商标罪追究其刑事责任。被告人郭某升在共同犯罪中起主要作用，系主犯。被告人郭某锋、孙某标在共同犯罪中起辅助作用，系从犯，应当从轻处罚。

被告人郭某升、孙某标、郭某锋及其辩护人对其未经“SΛMSUNG”商标注册人授权许可，组装假冒的三星手机，并通过某购物网站网店进行销售的犯罪事实无异议，但对非法经营额、非法获利提出异议，辩解称其某购物网站网店存在请人刷信誉的行为，真实交易量只有 10000 多部。

法院经审理查明：“SΛMSUNG”是三星电子株式会社在中国注册的商标，该商标有效期至 2021 年 7 月 27 日；三星（中国）投资有限公司是三星电子株式会社在中国投资设立，并经三星电子株式会社特别授权负责三星电子株式会社名下商标、专利、著作权等知识产权管理和法律事务的公司。2013年11月，被告人郭某升通过网络中介购买店主为“汪亮”、账号为play2011－1985的某购物网站店铺，并改名为“三星数码专柜”，在未经三星（中国）投资公司授权许可的情况下，从深圳市华强北远望数码城、深圳福田区通天地手机市场批发假冒的三星I8552手机裸机及配件进行组装，并通过“三星数码专柜”在某购物网站网上以“正品行货”进行宣传、销售。被告人郭某锋负责该网店的客服工作及客服人员的管理，被告人孙某标负责假冒的三星I8552手机裸机及配件的进货、包装及联系快递公司发货。至2014年6月，该网店共计组装、销售假冒三星I8552手机20000余部，非法经营额2000余万元，非法获利200余万元。

【裁判结果】

江苏省宿迁市中级人民法院于2015年9月8日作出（2015）宿中知刑初字第0004号刑事判决，以被告人郭某升犯假冒注册商标罪，判处有期徒刑五年，并处罚金人民币160万元；被告人孙某标犯假冒注册商标罪，判处有期徒刑三年，缓刑五年，并处罚金人民币20万元。被告人郭某锋犯假冒注册商标罪，判处有期徒刑三年，缓刑四年，并处罚金人民币20万元。宣判后，三被告人均没有提出上诉，该判决已经生效。

【裁判理由】

法院生效裁判认为，被告人郭某升、郭某锋、孙某标在未经“SAMSUNG”商标注册人授权许可的情况下，购进假冒“SAMSUNG”注册商标的手机机头及配件，组装假冒“SAMSUNG”注册商标的手机，并通过网店对外以“正品行货”销售，属于未经注册商标所有人许可在同一种商品上使用与其相同的商标的行为，非法经营数额达2000余万元，非法获利200余万元，属情节特别严重，其行为构成假冒注册商标罪。被告人郭某升、郭某锋、孙某标虽然辩解称其网店售销记录存在刷信誉的情况，对公诉机关指控的非法经营数额、非法获利提出异议，但三被告人在公安机关的多次供述，以及公安机关查获的送货单、支付宝向被告人郭某锋银行账户付款记录、郭某锋银行账户对外付款记录、“三星数码专柜”某购物网站记录、快递公司电脑系统记录、公安机关现场扣押的笔记等证据之间能够互相印证，综合公诉机关提供的证据，可以认定公诉机关关于三被告人共计销售假冒的三星I8552手机20000余部，销售金额2000余万元，非法获利200余万元的指控能够成立，三被告人关于销售记录存在刷信誉行为的辩解无证据予以证实，不予采信。被告人郭某升、郭某锋、孙某标，系共同犯罪，被告人郭某升起主要作用，是主犯；被告人郭某锋、孙某标在共同犯罪中起辅助作用，是从犯，依法可以从轻处罚。故依法作出上述判决。

2. 洪某强、洪某沃、洪某泉、李某荣开设赌场案[①]

（最高人民法院审判委员会讨论通过2018年12月25日发布）

【关键词】

刑事　开设赌场罪　网络赌博　微信群

【裁判要点】

以营利为目的，通过邀请人员加入微信群的方式招揽赌客，根据竞猜游戏网站的开奖结果等方式进行赌博，设定赌博规则，利用微信群进行控制管理，在一段时间内持续组织网络赌博活动的，属于刑法第三百零三条第二款规定的“开设赌场罪”。

【相关法条】

《中华人民共和国刑法》第303条第2款

【基本案情】

2016年2月14日，被告人李某荣、洪某沃、洪某泉伙同

① 《指导案例105号：洪某强、洪某沃、洪某泉、李某荣开设赌场案》，载最高人民法院网站，https：//www.court.gov.cn/shenpan－xiangqing－137101.html，2022年10月17日访问。

洪某1、洪某2（均在逃）以福建省南安市英都镇阀门基地旁一出租房为据点（后搬至福建省南安市英都镇环江路大众电器城五楼的套房），雇佣洪某3等人，运用智能手机、电脑等设备建立微信群（群昵称为“寻龙诀”，经多次更名后为“（新）九八届同学聊天”）拉拢赌客进行网络赌博。洪某1、洪某2作为发起人和出资人，负责幕后管理整个团伙；被告人李某荣主要负责财务、维护赌博软件；被告人洪某沃主要负责后勤；被告人洪某泉主要负责处理与赌客的纠纷；被告人洪某强为出资人，并介绍了陈某某等赌客加入微信群进行赌博。该微信赌博群将启动资金人民币300000元分成100份资金股，并另设10份技术股。其中，被告人洪某强占资金股6股，被告人洪某沃、洪某泉各占技术股4股，被告人李某荣占技术股2股。

参赌人员加入微信群，通过微信或支付宝将赌资转至庄家（昵称为“白龙账房”“青龙账房”）的微信或者支付宝账号计入分值（一元相当于一分）后，根据“PC蛋蛋”等竞猜游戏网站的开奖结果，以押大小、单双等方式在群内投注赌博。该赌博群24小时运转，每局参赌人员数十人，每日赌注累计达数十万元。截至案发时，该团伙共接受赌资累计达3237300元。赌博群运行期间共分红2次，其中被告人洪某强分得人民币36000元，被告人李某荣分得人民币6000元，被告人洪某沃分得人民币12000元，被告人洪某泉分得人民币12000元。

【裁判结果】

江西省赣州市章贡区人民法院于2017年3月27日作出(2016)赣0702刑初367号刑事判决：一、被告人洪某强犯开设赌场罪，判处有期徒刑四年，并处罚金人民币五万元；二、被告人洪某沃犯开设赌场罪，判处有期徒刑四年，并处罚金人民币五万元；三、被告人洪某泉犯开设赌场罪，判处有期徒刑四年，并处罚金人民币五万元；四、被告人李某荣犯开设赌场罪，判处有期徒刑四年，并处罚金人民币五万元；五、将四被告人所退缴的违法所得共计人民币66000元以及随案移送的6部手机、1台笔记本电脑、3台台式电脑主机等供犯罪所用的物品，依法予以没收，上缴国库。宣判后，四被告人均未提出上诉，判决已发生法律效力。

【裁判理由】

法院生效裁判认为，被告人洪某强、洪某沃、洪某泉、李某荣以营利为目的，通过邀请人员加入微信群的方式招揽赌客，根据竞猜游戏网站的开奖结果，以押大小、单双等方式进行赌博，并利用微信群进行控制管理，在一段时间内持续组织网络赌博活动的行为，属于刑法第三百零三条第二款规定的“开设赌场罪”。被告人洪某强、洪某沃、洪某泉、李某荣开设和经营赌场，共接受赌资累计达3237300元，应认定为刑法第三百零三条第二款规定的“情节严重”，其行为均已构成开设赌场罪。

3. 谢某军、高某、高某樵、杨某彬开设赌场案[①]

（最高人民法院审判委员会讨论通过2018年12月25日发布）

【关键词】

刑事　开设赌场罪　网络赌博　微信群　微信群抢红包

【裁判要点】

以营利为目的，通过邀请人员加入微信群，利用微信群进行控制管理，以抢红包方式进行赌博，在一段时间内持续组织赌博活动的行为，属于刑法第三百零三条第二款规定的“开设赌场罪”。

【相关法条】

《中华人民共和国刑法》第303条第2款

【基本案情】

2015年9月至2015年11月，向某（已判决）在杭州市萧山区活动其间，分别伙同被告人谢某军、高某、高某樵、杨某

---

① 《指导案例106号：谢某军、高某、高某樵、杨某彬开设赌场案》，载最高人民法院网站，https：//www. court. gov. cn/shenpan - xiangqing - 137111. html，2022年10月17日访问。

彬等人，以营利为目的，邀请他人加入其建立的微信群，组织他人在微信群里采用抢红包的方式进行赌博。期间，被告人谢某军、高某、高某樵、杨某彬分别帮助向某在赌博红包群内代发红包，并根据发出赌博红包的个数，从抽头款中分得好处费。

【裁判结果】

浙江省杭州市萧山区人民法院于2016年11月9日作出（2016）浙0109刑初1736号刑事判决：一、被告人谢某军犯开设赌场罪，判处有期徒刑三年六个月，并处罚金人民币25000元。二、被告人高某犯开设赌场罪，判处有期徒刑三年三个月，并处罚金人民币20000元。三、被告人高某樵犯开设赌场罪，判处有期徒刑三年三个月，并处罚金人民币15000元。四、被告人杨某彬犯开设赌场罪，判处有期徒刑三年，并处罚金人民币10000元。五、随案移送的四被告人犯罪所用工具手机6部予以没收，上缴国库；尚未追回的四被告人犯罪所得赃款，继续予以追缴。宣判后，谢某军、高某樵、杨某彬不服，分别向浙江省杭州市中级人民法院提出上诉。浙江省杭州市中级人民法院于2016年12月29日作出（2016）浙01刑终1143号刑事判决：一、维持杭州市萧山区人民法院（2016）浙0109刑初1736号刑事判决第一项、第二项、第三项、第四项的定罪部分及第五项没收犯罪工具、追缴赃款部分。二、撤销杭州市萧山区人民法院（2016）浙0109刑初1736号刑事判决第一项、第二项、第三项、第四项的量刑部分。三、上诉人（原审被告人）谢某军犯开设赌场罪，判处有期徒刑三年，并处罚金人民币25000元。四、原审被告人高某犯开设赌场罪，判处有期徒刑二年六个月，并处罚金人民币20000元。五、上诉人（原审被告人）高某樵犯开设赌场罪，判处有期徒刑二年六个月，并处罚金人民币15000元。六、上诉人（原审被告人）杨某彬犯开设赌场罪，判处有期徒刑一年六个月，并处罚金人民币10000元。

【裁判理由】

法院生效裁判认为，以营利为目的，通过邀请人员加入微信群，利用微信群进行控制管理，以抢红包方式进行赌博，设定赌博规则，在一段时间内持续组织赌博活动的行为，属于刑法第三百零三条第二款规定的“开设赌场罪”。谢某军、高某、高某樵、杨某彬伙同他人开设赌场，均已构成开设赌场罪，且系情节严重。谢某军、高某、高某樵、杨某彬在共同犯罪中地位和作用较轻，均系从犯，原判未认定从犯不当，依法予以纠正，并对谢某军予以从轻处罚，对高某樵、杨某彬、高某均予以减轻处罚。杨某彬犯罪后自动投案，并如实供述自己的罪行，系自首，依法予以从轻处罚。谢某军、高某樵、高某到案后如实供述犯罪事实，依法予以从轻处罚。谢某军、高某樵、杨某彬、高某案发后退赃，二审审理期间杨某彬的家人又代为退赃，均酌情予以从轻处罚。

4. 叶某生等组织、领导传销活动案[①]

（检例第41号）

【关键词】

组织、领导传销活动　网络传销　骗取财物

【基本案情】

被告人叶某生，网络科技公司总经理。

被告人叶某松，原系网络科技公司浙江省区域总代理。

2011年6月，被告人叶某生等人成立网络科技公司，先后开发“经销商管理系统网站”“某网商城网站”（以下简称某网）。以网络为平台，通过招商会、论坛等形式，宣传、推广某网的经营模式。

某网的经营模式是：1. 经上线经销商会员推荐并缴纳保证金成为经销商会员，无须购买商品，只需发展下线经销商，根据直接或者间接发展下线人数获得推荐奖金，晋升级别成为股权会员，享受股权分红。2. 经销商会员或消费者在某网经销商会员处购物消费满120元以上，向网络科技公司支付消费金额

① 《第十批指导性案例——叶某生等组织、领导传销活动案（检例第41号）》，载最高人民检察院网站，https：//www. spp. gov. cn/spp/jczdal/201807/t20180712_ 384673. shtml，2022年10月17日访问。

10%的现金，即可注册成为返利会员参与消费额双倍返利，可获一倍现金返利和一倍的金乔币（虚拟电子货币）返利。3. 某网在全国各地设立省、地区、县（市、区）三级区域运营中心，各运营中心设区域代理，由经销商会员负责本区域会员的发展和管理，享受区域范围内不同种类业绩一定比例的提成奖励。

2011年11月，被告人叶某松经他人推荐加入某网，缴纳三份保证金并注册了三个经销商会员号。因发展会员积极，经某网审批成为浙江省区域总代理，负责某网在浙江省的推广和发展。

截至案发，某网注册会员3万余人，其中注册经销商会员1.8万余人。在全国各地发展省、地区、县三级区域代理300余家，涉案金额1.5亿余元。其中，叶某松直接或间接发展下线经销商会员1886人，收取浙江省区域会员保证金、参与返利的消费额10%现金、区域代理费等共计3000余万元，通过银行转汇给叶某生。叶某松通过抽取保证金推荐奖金、股权分红、消费返利等提成的方式非法获利70余万元。

【要旨】

组织者或者经营者利用网络发展会员，要求被发展人员以缴纳或者变相缴纳“入门费”为条件，获得提成和发展下线的资格。通过发展人员组成层级关系，并以直接或者间接发展的人员数量作为计酬或者返利的依据，引诱被发展人员继续发展他人参加，骗取财物，扰乱经济社会秩序的，以组织、领导传销活动罪追究刑事责任。

【指控与证明犯罪】

2012年8月28日、2012年11月9日，浙江省松阳县公安局分别以叶某松、叶某生涉嫌组织、领导传销活动罪移送浙江省松阳县人民检察院审查起诉。因叶某生、叶某松系共同犯罪，松阳县人民检察院作并案处理。

2013年3月11日，浙江省松阳县人民检察院以被告人叶某生、叶某松犯组织、领导传销活动罪向松阳县人民法院提起公诉。松阳县人民法院公开开庭审理了本案。

法庭调查阶段，公诉人宣读起诉书指控被告人叶某生、叶某松利用网络，以会员消费双倍返利为名，吸引不特定公众成为会员、经销商，组成一定层级，采取区域累计计酬方式，引诱参加者继续发展他人参与，骗取财物，扰乱经济社会秩序，其行为构成组织、领导传销活动罪。在共同犯罪中，被告人叶某生起主要作用，系主犯；被告人叶某松起辅助作用，系从犯。

针对起诉书指控的犯罪事实，被告人叶某生辩解认为，网络科技公司系依法成立，没有组织、领导传销的故意，某网模式是消费模式的创新。

公诉人针对涉及传销的关键问题对被告人叶某生进行讯问：

第一，针对成为某网会员是否要向某网缴纳费用，公诉人讯问：如何成为某网会员，获得推荐奖金、消费返利？被告人叶某生回答：注册成为某网会员，需缴纳诚信保证金 7200 元，成为会员后发展一个经销商就可以获得奖励 1250 元；参与返利，消费要达到 120 元以上，并向公司缴纳 10% 的消费款。公诉人这一讯问揭示了缴纳保证金、缴纳 10% 的消费款才有资格获得推荐奖励、返利，保证金及 10% 的消费款其实质就是入门费。某网的经营模式符合传销组织要求参加者以缴纳费用或者购买商品、服务等方式获得加入资格的组织特征。

第二，针对某网利润来源、计酬或返利的资金来源，公诉人讯问：除了收取的保证金和 10% 的消费款费用，某网还有无其他收入？被告人叶某生回答：收取的 10% 的消费款就足够天天返利了，某网的主要收入是保证金、10% 的消费款，支出主要是天天返利及推荐奖、运营费用。公诉人讯问：公司收取消费款有多少，需返利多少？被告人叶某生回答：收到 4000 万元左右，返利也要 4000 万元，我们的经营模式不需要盈利。公诉人通过讯问，揭示了某网没有实质性的经营活动，其利润及资金的真实来源系后加入人员缴纳的费用。如果没有新的人员加入，根本不可能维持其“经营活动”的运转，符合传销活动骗取财物的本质特征。

同时，公诉人向法庭出示了四组证据证明犯罪事实：

一是网络科技公司的工商登记、资金投入、人员组成、公司财务资料、网站功能等书证。证明：网络科技公司实际投入仅300万元，没有资金实力建立与其宣传匹配的电子商务系统。

二是网络科技公司内部人员证言及被告人的供述等证据。证明：公司缺乏售后服务人员、系统维护人员、市场推广及监管人员，员工主要从事虚假宣传，收取保证金及消费款，推荐佣金，发放返利。

三是网络科技公司银行明细、公司财务资料、款项开支情况等证据，证明：公司收入来源于会员缴纳的保证金、消费款。技术人员的证言等证据，证明：网站功能简单，不具备第三方支付功能，不能适应电子商务的需求。

四是某网网站系统的电子数据及鉴定意见，并由鉴定人出庭作证。鉴定人揭示网络数据库显示了某网会员加入时间、缴纳费用数额、会员之间的推荐（发展）关系、获利数额等信息。鉴定人当庭通过对上述信息的分析，指出数据库表格中的会员账号均列明了推荐人，按照推荐人关系排列，会员层级呈金字塔状，共有68层。每个结点有左右两个分支，左右分支均有新增单数，则可获得推荐奖金，奖金实行无限代计酬。证明：某网会员层级呈现金字塔状，上线会员可通过下线、下下线会员发展会员获得收益。

法庭辩论阶段，公诉人发表公诉意见，指出某网的人财物及主要活动目的，在于引诱消费者缴纳保证金、消费款，并从中非法牟利。其实质是借助公司的合法形式，打着电子商务旗号进行网络传销。同时阐述了这种新型传销活动的本质和社会危害。

辩护人提出：某网没有入门费，所有的人员都可以在某网注册，不缴纳费用也可以成为某网的会员。某网没有设层级，经销商、会员、区域代理之间不存在层级关系，没有证据证实存在层级获利。某网没有拉人头，没有以发展人员的数量作为计酬或返利依据。直接推荐才有奖金，间接推荐没有奖金，没有骗取财物，不符合组织、领导传销活动罪的特征。

公诉人答辩：某网缴纳保证金和消费款才能获得推荐佣金和返利的资格，本质系入门费。上线会员可以通过发展下线人员获取收益，并组成会员、股权会员、区域代理等层级，本质为设层级。以推荐的人数作为发放佣金的依据系直接以发展的人员数量作为计酬依据，区域业绩及返利资金主要取决于参加人数的多少，实质属于以发展人员的数量作为提成奖励及返利的依据，本质为拉人头。某网缺乏实质的经营活动，不产生利润，以后期收到的保证金、消费款支付前期的推荐佣金、返利，与所有的传销活动一样，人员不可能无限增加，资金链必然断裂。传销组织人员不断增加的过程实际也是风险不断积累和放大的过程。某网所谓经营活动本质是从被发展人员缴纳的费用中非法牟利，具有骗取财物的特征。

法庭经审理，认定检察机关出示的证据能够相互印证，予以确认。被告人及其辩护人提出的不构成组织、领导传销活动罪的辩解、辩护意见不能成立。

2013年8月23日，浙江省松阳县人民法院作出一审判决，以组织、领导传销活动罪判处被告人叶某生有期徒刑七年，并处罚金人民币150万元。以组织、领导传销活动罪判处被告人叶某松有期徒刑三年，并处罚金人民币30万元。扣押和冻结的涉案财物予以没收，继续追缴二被告人的违法所得。

二被告人不服一审判决，提出上诉。叶某生的上诉理由是其行为不构成组织、领导传销活动罪。叶某松的上诉理由是量刑过重。浙江省丽水市中级人民法院经审理，认定原判事实清楚，证据确实、充分，定罪准确，量刑适当，审判程序合法，驳回上诉，维持原判。

【指导意义】

随着互联网技术的广泛应用，微信、语音视频聊天室等社交平台作为新的营销方式被广泛运用。传销组织在作案手段上借助互联网不断翻新，打着“金融创新”的旗号，以“资本运作”“消费投资”“网络理财”“众筹”“慈善互助”等为名从事传销活动。常见的表现形式有：组织者、经营者注册成立电子商务企业，以此名义建立电子商务网站。以网络营销、网络直销等名义，变相收取入门费，设置各种返利机制，激励会员发展下线，上线从直接或者间接发展的下线的销售业绩中计酬，或以直接或者间接发展的人员数量为依据计酬或者返利。这类行为，不管其手段如何翻新，只要符合传销组织骗取财物、扰乱市场经济秩序本质特征的，应以组织、领导传销活动罪论处。

检察机关办理组织、领导传销活动犯罪案件，要紧扣传销活动骗取财物的本质特征和构成要件，收集、审查、运用证据。特别要注意针对传销网站的经营特征与其他合法经营网站的区别，重点收集涉及入门费、设层级、拉人头等传销基本特征的证据及企业资金投入、人员组成、资金来源去向、网站功能等方面的证据，揭示传销犯罪没有创造价值，经营模式难以持续，用后加入者的财物支付给先加入者，通过发展下线牟利骗取财物的本质特征。

【相关规定】

《中华人民共和国刑法》第二百二十四条之一

《最高人民检察院、公安部关于公安机关管辖的刑事案件立案追诉标准的规定（二）》第七十八条

5. 姚某杰等11人破坏计算机信息系统案[①]

（检例第69号）

【关键词】

破坏计算机信息系统　网络攻击　引导取证　损失认定

① 《第十八批指导性案例——姚某杰等11人破坏计算机信息系统案（检例第69号）》，载最高人民检察院网站，https：//www. spp. gov. cn/spp/jczdal/202004/t20200408_458415. shtml，2022年10月17日访问。

【要旨】

为有效打击网络攻击犯罪，检察机关应加强与公安机关的配合，及时介入侦查引导取证，结合案件特点提出明确具体的补充侦查意见。对被害互联网企业提供的证据和技术支持意见，应当结合其他证据进行审查认定，从而客观全面准确的认定破坏计算机信息系统罪的危害后果。

【基本案情】

被告人姚某杰，无固定职业。

被告人丁某子，无固定职业。

其他9名被告人基本情况略。

2017年年初，被告人姚某杰等人接受王某某（另案处理）雇佣，招募多名网络技术人员，在境外成立“暗夜小组”黑客组织。“暗夜小组”从被告人丁某子等3人处购买大量服务器资源，再利用木马软件操控控制端服务器实施DDoS攻击（指黑客通过远程控制服务器或计算机等资源，对目标发动高频服务请求，使目标服务器因来不及处理海量请求而瘫痪）。2017年2－3月，“暗夜小组”成员三次利用14台控制端服务器下的计算机，持续对某互联网公司云服务器上运营的三家游戏公司的客户端IP进行DDoS攻击。攻击导致三家游戏公司的IP被封堵，出现游戏无法登录、用户频繁掉线、游戏无法正常运行等问题。为恢复云服务器的正常运营，某互联网公司组织人员对服务器进行了抢修并为此支付4万余元。

【指控与证明犯罪】

（一）介入侦查引导取证

2017年年初，某互联网公司网络安全团队在日常工作中监测到多起针对该公司云服务器的大流量高峰值DDoS攻击，攻击源IP地址来源不明，该公司随即报案。公安机关立案后，同步邀请广东省深圳市人民检察院介入侦查、引导取证。

针对案件专业性、技术性强的特点，深圳市人民检察院会同公安机关多次召开案件讨论会，就被害单位云服务器受到的DDoS攻击的特点和取证策略进行研究，建议公安机关及时将被害单位报案提供的电子数据送国家计算机网络应急技术处理协调中心广东分中心进行分析，确定主要攻击源的IP地址。

2017年6-9月，公安机关陆续将11名犯罪嫌疑人抓获。侦查发现，“暗夜小组”成员为逃避打击，在作案后已串供并将手机、笔记本电脑等作案工具销毁或者进行了加密处理。“暗夜小组”成员到案后大多作无罪辩解。虽有证据证实丁某子等人实施了远程控制大量计算机的行为，但证明其将控制权出售给“暗夜小组”用于DDoS网络攻击的证据薄弱。

鉴于此，深圳市检察机关与公安机关多次会商研究“暗夜小组”团伙内部结构、犯罪行为和技术特点等问题，建议公安机关重点做好以下三个方面工作：一是查明导致云服务器不能正常运行的原因与“暗夜小组”攻击行为间的关系。具体包括：对被害单位提供的受攻击 IP 和近 20 万个攻击源 IP 作进一步筛查分析，找出主要攻击源的 IP 地址，并与丁某子等人出售的控制端服务器 IP 地址进行比对；查清主要攻击源的波形特征和网络协议，并和丁某子等人控制的攻击服务器特征进行比对，以确定主要攻击是否来自该控制端服务器；查清攻击时间和云服务器因被攻击无法为三家游戏公司提供正常服务的时间；查清攻击的规模；调取“暗夜小组”实施攻击后给三家游戏公司发的邮件。二是做好犯罪嫌疑人线上身份和线下身份同一性的认定工作，并查清“暗夜小组”各成员在犯罪中的分工、地位和作用。三是查清犯罪行为造成的危害后果。

（二）审查起诉

2017 年 9 月 19 日，公安机关将案件移送广东省深圳市南山区人民检察院审查起诉。鉴于在案证据已基本厘清“暗夜小组”实施犯罪的脉络，“暗夜小组”成员的认罪态度开始有了转变。经审查，全案基本事实已经查清，基本证据已经调取，能够认定姚某杰等人的行为已涉嫌破坏计算机信息系统罪：一是可以认定系“暗夜小组”对某互联网公司云服务器实施了大流量攻击。国家计算机网络应急技术处理协调中心广东分中心出具的报告证实，筛选出的大流量攻击源 IP 中有 198 个 IP 为僵尸网络中的被控主机，这些主机由 14 个控制端服务器控制。通过比对丁某子等人电脑中的电子数据，证实丁某子等人控制的服务器就是对三家游戏公司客户端实施网络攻击的服务器。

分析报告还明确了云服务器受到的攻击类型和攻击采用的网络协议、波形特征，这些证据与“暗夜小组”成员供述的攻击资源特征一致。网络聊天内容和银行交易流水等证据证实“暗夜小组”向丁某子等三人购买上述14个控制端服务器控制权的事实。电子邮件等证据进一步印证了“暗夜小组”实施攻击的事实。二是通过进一步提取犯罪嫌疑人网络活动记录、犯罪嫌疑人之间的通讯信息、资金往来等证据，结合对电子数据的分析，查清了“暗夜小组”成员虚拟身份与真实身份的对应关系，查明了小组成员在招募人员、日常管理、购买控制端服务器、实施攻击和后勤等各个环节中的分工负责情况。

审查中，检察机关发现，攻击行为造成的损失仍未查清，部分犯罪嫌疑人实施犯罪的次数，上下游间交易的证据仍欠缺。针对存在的问题，深圳市南山区人民检察院与公安机关进行了积极沟通，于2017年11月2日和2018年1月16日两次将案件退回公安机关补充侦查。一是鉴于证实受影响计算机信息系统和用户数量的证据已无法调取，本案只能以造成的经济损失认定危害后果。因此，要求公安机关补充调取能够证实某互联网公司直接经济损失或为恢复网络正常运行支出的必要费用等证据，并交专门机构作出评估。二是进一步补充证实“暗夜小组”成员参与每次网络攻击具体情况以及攻击服务器控制权在“暗夜小组”与丁某子等人间流转情况的证据。三是对丁某子等人向“暗夜小组”提供攻击服务器控制权的主观明知证据作进一步补强。

公安机关按要求对证据作了补强和完善，全案事实已查清，案件证据确实充分，已经形成了完整的证据链条。

（三）出庭指控犯罪

2018 年 3 月 6 日，深圳市南山区人民检察院以被告人姚某杰等 11 人构成破坏计算机信息系统罪向深圳市南山区人民法院提起公诉。4 月 27 日，法院公开开庭审理了本案。

庭审中，11 名被告人对检察机关的指控均表示无异议。部分辩护人提出以下辩护意见：一是网络攻击无处不在，现有证据不能认定三家网络游戏公司受到的攻击均是“暗夜小组”发动的，不能排除攻击来自其他方面。二是即便认定“暗夜小组”参与对三家网络游戏公司的攻击，也不能将某互联网公司支付给抢修系统数据的员工工资认定为本案的经济损失。

针对辩护意见，公诉人答辩如下：一是案发时并不存在其他大规模网络攻击，在案证据足以证实只有“暗夜小组”针对云服务器进行了 DDoS 高流量攻击，每次的攻击时间和被攻击的时间完全吻合，攻击手法、流量波形、攻击源 IP 和攻击路径与被告人供述及其他证据相互印证，现有证据足以证明三家网络游戏公司客户端不能正常运行系受“暗夜小组”攻击导致。二是根据法律规定，“经济损失”包括危害计算机信息系统犯罪行为给用户直接造成的经济损失以及用户为恢复数据、功能而支出的必要费用。某互联网公司为修复系统数据、功能而支出的员工工资系因犯罪产生的必要费用，应当认定为本案的经济损失。

（四）处理结果

2018 年 6 月 8 日，广东省深圳市南山区人民法院判决认定被告人姚某杰等 11 人犯破坏计算机信息系统罪；鉴于各被告人均表示认罪悔罪，部分被告人具有自首等法定从轻、减轻处罚情节，对 11 名被告人分别判处有期徒刑一年至二年不等。宣判后，11 名被告人均未提出上诉，判决已生效。

【指导意义】

（一）立足网络攻击犯罪案件特点引导公安机关收集调取证据。对重大、疑难、复杂的网络攻击类犯罪案件，检察机关可以适时介入侦查引导取证，会同公安机关研究侦查方向，在收集、固定证据等方面提出法律意见。一是引导公安机关及时调取证明网络攻击犯罪发生、证明危害后果达到追诉标准的证据。委托专业技术人员对收集提取到的电子数据等进行检验、鉴定，结合在案其他证据，明确网络攻击类型、攻击特点和攻击后果。二是引导公安机关调取证明网络攻击是犯罪嫌疑人实施的证据。借助专门技术对攻击源进行分析，溯源网络犯罪路径。审查认定犯罪嫌疑人网络身份与现实身份的同一性时，可通过核查 IP 地址、网络活动记录、上网终端归属，以及证实犯罪嫌疑人与网络终端、存储介质间的关联性综合判断。犯罪嫌疑人在实施网络攻击后，威胁被害人的证据可作为认定攻击事实和因果关系的证据。有证据证明犯罪嫌疑人实施了攻击行为，网络攻击类型和特点与犯罪嫌疑人实施的攻击一致，攻击时间和被攻击时间吻合的，可以认定网络攻击系犯罪嫌疑人实施。三是网络攻击类犯罪多为共同犯罪，应重点审查各犯罪嫌疑人的供述和辩解、手机通信记录等，通过审查自供和互证的情况以及与其他证据间的印证情况，查明各犯罪嫌疑人间的犯意联络、分工和作用，准确认定主、从犯。四是对需要通过退回补充侦查进一步完善上述证据的，在提出补充侦查意见时，应明确列出每一项证据的补侦目的，以及为了达到目的需要开展的工作。在补充侦查过程中，要适时与公安机关面对面会商，了解和掌握补充侦查工作的进展，共同研究分析补充到的证据是否符合起诉和审判的标准和要求，为补充侦查工作提供必要的引导和指导。

（二）对被害单位提供的证据和技术支持意见需结合其他在案证据作出准确认定。网络攻击类犯罪案件的被害人多为大型互联网企业。在打击该类犯罪的过程中，司法机关往往会借助被攻击的互联网企业在网络技术、网络资源和大数据等方面的优势，进行溯源分析或对攻击造成的危害进行评估。由于互联网企业既是受害方，有时也是技术支持协助方，为确保被害单位提供的证据客观真实，必须特别注意审查取证过程的规范性；有条件的，应当聘请专门机构对证据的完整性进行鉴定。如条件不具备，应当要求提供证据的被害单位对证据作出说明。同时要充分运用印证分析审查思路，将被害单位提供的证据与在案其他证据，如从犯罪嫌疑人处提取的电子数据、社交软件聊天记录、银行流水、第三方机构出具的鉴定意见、证人证言、犯罪嫌疑人供述等证据作对照分析，确保不存在人为改变案件事实或改变案件危害后果的情形。

（三）对破坏计算机信息系统的危害后果应作客观全面准确认定。实践中，往往倾向于依据犯罪违法所得数额或造成的经济损失认定破坏计算机信息系统罪的危害后果。但是在一些案件中，违法所得或经济损失并不能全面、准确反映出犯罪行为所造成的危害。有的案件违法所得或者经济损失的数额并不大，但网络攻击行为导致受影响的用户数量特别大，有的导致用户满意度降低或用户流失，有的造成了恶劣社会影响。对这类案件，如果仅根据违法所得或经济损失数额来评估危害后果，可能会导致罪刑不相适应。因此，在办理破坏计算机信息系统犯罪案件时，检察机关应发挥好介入侦查引导取证的作用，及时引导公安机关按照法律规定，从扰乱公共秩序的角度，收集、固定能够证实受影响的计算机信息系统数量或用户数量、受影响或被攻击的计算机信息系统不能正常运行的累计时间、对被害企业造成的影响等证据，对危害后果作出客观、全面、准确认定，做到罪责相当、罚当其罪，使被告人受到应有惩处。

【相关规定】

《中华人民共和国刑法》第二百八十六条

《最高人民法院、最高人民检察院关于办理危害计算机信息系统安全刑事案件应用法律若干问题的解释》第四条、第六条、第十一条

6. 张某毛盗窃案[①]

（检例第37号）

【关键词】

盗窃　网络域名　财产属性　域名价值

【基本案情】

被告人张某毛，无业。

2009年5月，被害人陈某在大连市西岗区登录网络域名注册网站，以人民币11.85万元竞拍取得“www.8.cc”域名，并交由域名维护公司维护。

被告人张某毛预谋窃取陈某拥有的域名“www.8.cc”，其先利用技术手段破解该域名所绑定的邮箱密码，后将该网络域

① 《第九批指导性案例——张某毛盗窃案（检例第37号）》，载最高人民检察院网站，https://www.spp.gov.cn/spp/jczdal/201710/t20171017_202593.shtml，2022年10月17日访问。

名转移绑定到自己的邮箱上。2010 年 8 月 6 日，张某毛将该域名从原有的维护公司转移到自己在另一网络公司申请的 ID 上，又于 2011 年 3 月 16 日将该网络域名再次转移到张某毛冒用“龙嫦”身份申请的 ID 上，并更换绑定邮箱。2011 年 6 月，张某毛在网上域名交易平台将网络域名“www. 8. cc”以人民币 12. 5 万元出售给李某。2015 年 9 月 29 日，张某毛被公安机关抓获。

【诉讼过程和结果】

本案由辽宁省大连市西岗区人民检察院于 2016 年 3 月 22 日以被告人张某毛犯盗窃罪向大连市西岗区人民法院提起公诉。2016 年 5 月 5 日，大连市西岗区人民法院作出判决，认定被告人张某毛的行为构成盗窃罪，判处有期徒刑四年七个月，并处罚金人民币五万元。一审宣判后，当事人未上诉，判决已生效。

【要旨】

网络域名具备法律意义上的财产属性，盗窃网络域名可以认定为盗窃行为。

【指导意义】

网络域名是网络用户进入门户网站的一种便捷途径，是吸引网络用户进入其网站的窗口。网络域名注册人注册了某域名后，该域名将不能再被其他人申请注册并使用，因此网络域名具有专属性和唯一性。网络域名属稀缺资源，其所有人可以对域名行使出售、变更、注销、抛弃等处分权利。网络域名具有市场交换价值，所有人可以以货币形式进行交易。通过合法途径获得的网络域名，其注册人利益受法律承认和保护。本案中，行为人利用技术手段，通过变更网络域名绑定邮箱及注册ID，实现了对域名的非法占有，并使原所有人丧失了对网络域名的合法占有和控制，其目的是非法获取网络域名的财产价值，其行为给网络域名的所有人带来直接的经济损失。该行为符合以非法占有为目的窃取他人财产利益的盗窃罪本质属性，应以盗窃罪论处。对于网络域名的价值认定，当前可综合考虑网络域名的购入价、销赃价、域名升值潜力、市场热度等方面。

【相关规定】

《中华人民共和国刑法》

第二百六十四条　盗窃公私财物，数额较大的，或者多次盗窃、入户盗窃、携带凶器盗窃、扒窃的，处三年以下有期徒刑、拘役或者管制，并处或者单处罚金；数额巨大或者有其他严重情节的，处三年以上十年以下有期徒刑，并处罚金；数额特别巨大或者有其他特别严重情节的，处十年以上有期徒刑或者无期徒刑，并处罚金或者没收财产。

《中国互联网络域名管理办法》

第二十八条　域名注册申请者应当提交真实、准确、完整的域名注册信息，并与域名注册服务机构签订用户注册协议。

域名注册完成后，域名注册申请者即成为其注册域名的持有者。

第二十九条　域名持有者应当遵守国家有关互联网络的法律、行政法规和规章。

因持有或使用域名而侵害他人合法权益的责任，由域名持有者承担。

第三十条　注册域名应当按期缴纳域名运行费用。域名注册管理机构应当制定具体的域名运行费用收费办法，并报信息产业部备案。

典型案例

7. 被告人邓某辉等六人诈骗、侵犯公民个人信息案[①]

【基本案情】

2018 年 5、6 月，被告人邓某辉、林某明共谋采用“猜猜我是谁”的方式骗取他人钱财。二人共同出资，邓某辉购买手机、电话卡等作案工具，纠集被告人陈某、张某坤等人，利用

① 《人民法院依法惩治电信网络诈骗犯罪及其关联犯罪典型案例》，载最高人民法院网站，https：//www. court. gov. cn/zixun - xiangqing - 371131. html，2022 年 10 月 17 日访问。

邓某辉购买的涉及姓名、电话、住址等内容的公民个人信息，拨打诈骗电话，让被害人猜测自己的身份，当被害人误以为系自己的某个熟人后，被告人即冒充该熟人身份，编造理由让被害人转账。2018 年 6 月至 8 月，邓某辉等人采用此种方式大量拨打诈骗电话，骗取被害人罗某某等五人共计 39.2 万元。案发后，从邓某辉处查获其购买的公民个人信息 39482 条。

【裁判结果】

本案由四川省泸州市纳溪区人民法院一审，泸州市中级人民法院二审。现已发生法律效力。

法院认为，被告人邓某辉、林某明等人以非法占有为目的，虚构事实，隐瞒真相，采用冒充熟人拨打电话的手段骗取他人财物，其行为均已构成诈骗罪；被告人邓某辉非法获取公民个人信息，情节严重，其行为还构成侵犯公民个人信息罪，依法应当数罪并罚。在共同犯罪中，邓某辉、林某明等人均系主犯。根据各被告人的犯罪事实、犯罪性质、情节和社会危害程度，以诈骗罪、侵犯公民个人信息罪判处被告人邓某辉有期徒刑九年六个月，并处罚金人民币六万五千元；以诈骗罪判处被告人林某明等人七年至二年不等有期徒刑，并处罚金。

【典型意义】

本案被告人借助非法获取的公民个人信息，拨打诈骗电话，通过准确说出被害人个人信息的骗术，取得被害人信任，实施精准诈骗。侵犯公民个人信息系电信网络诈骗的上游关联犯罪，二者合流后，使得电信网络诈骗犯罪更易得逞，社会危害性更重。“两高一部”《关于办理电信网络诈骗等刑事案件适用法律若干问题的意见》规定，使用非法获取的公民个人信息，实施电信网络诈骗犯罪，构成数罪的，应依法数罪并罚。法院对被告人邓某辉以诈骗罪和侵犯公民个人信息罪予以并罚，是从严惩处、全面惩处电信网络诈骗犯罪及其关联犯罪的具体体现。

8. 被告人陈某等五人侵犯公民个人信息案[①]

【基本案情】

被告人陈某任职的信息科技公司与通信公司韶关分公司签订服务协议，由信息科技公司负责通信公司韶关分公司的线上订单交付服务。2019 年 11 月至 2021 年 4 月，陈某利用担任信息科技公司电话卡配送员、配送组长、片区主管的职务便利，先后招揽被告人李某剑、左某、梁某俊、曾某明等人，在向手机卡用户交付手机卡过程中，未经用户同意，擅自获取用户的实名制手机号码和验证码，出售给他人用于注册微信、京东、

① 《人民法院依法惩治电信网络诈骗犯罪及其关联犯罪典型案例》，载最高人民法院网站，https：//www. court. gov. cn/zixun－xiangqing－371131. html，2022 年 10 月 17 日访问。

抖音等账号，其中一张手机号码注册微信账号后被用于实施电信网络诈骗，骗取被害人廖某某10万元。被告人陈某等人涉案非法所得20.1万余元至1.5万余元不等。

【裁判结果】

本案由广东省江门市新会区人民法院一审。现已发生法律效力。

法院认为，被告人陈某、梁某俊、曾某明、左某违反国家有关规定，向他人出售或者提供公民个人信息，情节特别严重，被告人李某剑违反国家有关规定，向他人出售或者提供公民个人信息，情节严重，其行为均已构成侵犯公民个人信息罪。被告人陈某等人将在提供服务过程中获取的公民个人信息出售和提供给他人，依法应当从重处罚。鉴于各被告人自愿认罪，积极退赃，依法可予以从轻处罚。根据各被告人的犯罪事实、犯罪性质、情节和社会危害程度，以侵犯公民个人信息罪分别判处被告人陈某、梁某俊、曾某明有期徒刑三年九个月，并处罚金；判处被告人左某有期徒刑三年，缓刑三年，并处罚金；判处被告人李某剑有期徒刑一年六个月，缓刑一年六个月，并处罚金。

【典型意义】

被告人陈某等人作为通信企业从业人员，利用职务便利，未经用户同意，擅自获取用户的实名制手机号码和验证码，非法出售给他人用于注册微信、抖音等账号，牟取非法利益，且其中一套手机号码和验证码注册的微信被诈骗分子利用，导致被害人廖某某被骗走巨款。为加大对公民个人信息的保护力度，最高人民法院、最高人民检察院制定出台的《关于办理侵犯公民个人信息刑事案件适用法律问题的解释》，将在履行职责或者提供服务过程中获得的公民个人信息出售或者提供给他人的，入罪的数量、数额标准减半计算。依法对被告人陈某等行业“内鬼”从重处罚，充分体现了人民法院坚决保护公民个人信息安全的态度，也是对相关行业从业人员的警示教育。

9. 被告人隆某柒帮助信息网络犯罪活动案[①]

【基本案情】

2021 年 4 月，被告人隆某柒通过微信与他人联系，明知对方系用于实施信息网络犯罪，仍商定以每张每月 100 元的价格将自己的银行卡出租给对方使用。之后，隆某柒将其办理的 9 张银行卡的账号、密码等信息提供给对方，其中 6 张银行卡被对方用于接收电信网络诈骗等犯罪资金，隆某柒获利共计 5000 余元。

---

① 《人民法院依法惩治电信网络诈骗犯罪及其关联犯罪典型案例》，载最高人民法院网站，https：//www. court. gov. cn/zixun－xiangqing－371131. html，2022 年 10 月 17 日访问。

【裁判结果】

本案由重庆市丰都县人民法院一审。现已发生法律效力。

法院认为，被告人隆某柒明知他人利用信息网络实施犯罪，仍为他人提供帮助，其行为已构成帮助信息网络犯罪活动罪。隆某柒经公安人员电话通知到案，如实供述自己的罪行，构成自首，且自愿认罪认罚并积极退赃，依法予以从轻处罚。根据被告人的犯罪事实、犯罪性质、情节和社会危害程度，以帮助信息网络犯罪活动罪判处被告人隆某柒有期徒刑一年十个月，并处罚金人民币四千元。

【典型意义】

非法交易银行卡、手机卡，即“两卡”现象泛滥，大量“两卡”被用于犯罪，是电信网络诈骗犯罪持续高发多发的重要推手之一。加强对电信网络诈骗犯罪的源头治理，必须依法打击涉“两卡”犯罪。“两高一部”《关于办理电信网络诈骗等刑事案件适用法律若干问题的意见（二）》规定，为他人利用信息网络实施犯罪而收购、出售、出租信用卡（银行账户、非银行支付账户、具有支付结算功能的互联网账号密码、网络支付接口、网上银行数字证书）5 张（个）以上，或者手机卡（流量卡、物联网卡）20 张以上的，以帮助信息网络犯罪活动罪追究刑事责任。本案准确适用这一规定，对被告人隆某柒依法定罪处罚。本案警示大家，千万不要因贪图蝇头小利而触犯法律底线，以免给自己和家人造成无可挽回的后果。

10. 被告人薛某帮助信息网络犯罪活动案[①]

【基本案情】

2020年9月初，被告人薛某从某购物网站上以13000元的价格购买了一套“多卡宝”设备，并通过其亲朋办理或购买电话卡26张。后薛某通过聊天软件联系他人租用“多卡宝”设备，并约定租金和支付渠道。2020年9月8日至11日，薛某先后在湖北省襄阳市襄城区、樊城区等地架设“多卡宝”设备供他人拨打网络电话，非法获利28310元。不法分子利用薛某架设的“多卡宝”设备，实施电信网络诈骗犯罪6起，诈骗财物共计16万余元。

【裁判结果】

本案由湖北省老河口市人民法院一审。现已发生法律效力。

法院认为，被告人薛某明知他人利用信息网络实施犯罪，为他人犯罪提供通讯传输等技术支持和帮助，情节严重，其行

---

① 《人民法院依法惩治电信网络诈骗犯罪及其关联犯罪典型案例》，载最高人民法院网站，https：//www. court. gov. cn/zixun－xiangqing－371131. html，2022年10月17日访问。

为已构成帮助信息网络犯罪活动罪。薛某到案后自愿认罪认罚，并退赔全部违法所得，依法予以从轻处罚。根据被告人的犯罪事实、犯罪性质、情节和社会危害程度，以帮助信息网络犯罪活动罪判处被告人薛某有期徒刑九个月，并处罚金人民币五千元。

【典型意义】

由于电信网络诈骗犯罪的分工日益精细化，催生了大量为不法分子实施诈骗提供帮助并从中获利的黑灰产业，此类黑灰产业又反向作用，成为电信网络诈骗犯罪多发高发的重要推手。打击电信网络诈骗犯罪，必须依法惩处其上下游关联犯罪，斩断电信网络诈骗犯罪的帮助链条，铲除其赖以滋生的土壤，实现打击治理同步推进。“两高一部”《关于办理电信网络诈骗等刑事案件适用法律若干问题的意见》和《关于办理电信网络诈骗等刑事案件适用法律若干问题的意见（二）》对于惩处电信网络诈骗犯罪的关联犯罪作出了明确规定。本案中，被告人薛某为电信网络诈骗犯罪提供技术支持，对其以帮助信息网络犯罪活动罪定罪处罚，体现了人民法院全面惩处电信网络诈骗关联犯罪的立场。

11. 河北省兴隆县谢某丰、谢某骋等人推销假冒保健产品诈骗案①

【基本案情】

被告人谢某丰、谢某骋系堂兄弟，二人商议在河北省兴隆县推销假冒保健产品。2012 年 10 月至 2013 年 7 月，谢某丰、谢某骋利用从网络上非法获取的公民个人信息，聘用多个话务员，冒充中国老年协会、保健品公司工作人员等身份，以促销、中奖为诱饵，向一些老年人推销无保健品标志、未经卫生许可登记的“保健产品”。如话务员联系的受话对象确定购买某个产品后，则由负责核单的人进行核实、确认，再采取货到付款方式，通过邮政速递有限公司寄出货物，回收货款。谢某丰等人通过上述手段，共销售 3000 余人次，涉及全国 20 余省份，涉案金额共计 1886689.84 元。

【裁判结果】

本案由河北省兴隆县人民法院一审，河北省承德市中级人民法院二审。现已发生法律效力。

---

① 《最高人民法院 2016 年 3 月 4 日发布电信网络诈骗犯罪典型案例》，载最高人民法院网站，https：//www.court.gov.cn/zixun－xiangqing－17152.html，2022 年 10 月 17 日访问。

法院认为，被告人谢某丰、谢某骋等人以非法占有为目的，采取虚构事实、隐瞒真相的方法，以推销假冒保健产品的手段骗取他人财物，其行为均已构成诈骗罪。被告人谢某丰、谢某骋系本案的发起人，谢某丰出资租赁从事诈骗活动的房屋，购买从事诈骗的器材、设备，组织进货，谢某骋提供熟悉推销方法的话务员，二被告人均系主犯。据此，以诈骗罪分别判处被告人谢某丰、谢某骋有期徒刑十一年，并处罚金人民币十万元；以诈骗罪判处陈某杰等被告人三年至一年不等有期徒刑或单处罚金。

【典型意义】

本案是以推销假冒保健品为手段实施诈骗的典型案件。目前，我国老年人数量不断攀升。随着生活水平的提高，老年人日益注重养生和保健，社会上针对老年人推销保健品的情况也较为常见。被告人谢某丰、谢某骋雇佣多人，冒充老年协会、保健品公司工作人员等身份，以促销、中奖为诱饵，打电话向老年人推销假冒保健品，诈骗巨额钱财，且被骗老年人人数众多，分布范围广，社会影响极为恶劣。希望广大老年朋友提高警惕，不要轻信通过电话推销保健品的人员，应通过正规渠道购买适合自己身体状况的保健品。

第六章　法律责任

典型案例

1. 被告人赵某云等九人诈骗案[①]

【基本案情】

2019年6月至10月，被告人赵某云、杨某强等人出资组建诈骗团伙，先后招募郭某清、兰某峰担任团队组长，招募丁某某等多人为成员实施诈骗犯罪。该团伙通过社交软件聊天骗得被害人信任后，向被害人发送二维码链接，让被害人下载虚假投资软件，待被害人投资后，采取控制后台数据等方式让被害人"投资亏损"，以此实施诈骗。同年9月5日，丁某某得知被害人赵某某拟进一步投资60余万元后，在电话中向赵某某坦承犯罪，提醒其停止投资、向平台申请退款并向公安机关报案。之后，丁某某自行脱离犯罪团伙。

---

① 《人民法院依法惩治电信网络诈骗犯罪及其关联犯罪典型案例》，载最高人民法院网站，https：//www. court. gov. cn/zixun－xiangqing－371131. html，2022年10月17日访问。

【裁判结果】

本案由江苏省南京市江宁区人民法院一审，南京市中级人民法院二审。现已发生法律效力。

一审法院认为，被告人赵某云、杨某强、丁某某等人以非法占有为目的，利用电信网络技术手段多次实施诈骗，数额特别巨大或巨大，其行为均已构成诈骗罪。在共同犯罪中，被告人赵某云、杨某强起主要作用，系主犯，应当按照其所参与或组织、指挥的全部犯罪处罚；被告人丁某某等人起次要作用，系从犯，依法可从轻或减轻处罚。以诈骗罪判处被告人赵某云、杨某强等人十年六个月至一年一个月不等有期徒刑，并处罚金；以诈骗罪判处被告人丁某某有期徒刑三年九个月，并处罚金。

宣判后，丁某某上诉提出，其主动提醒被害人并自行脱离犯罪团伙的行为构成自首、犯罪中止和立功，原审量刑过重，请求从轻处罚。

二审法院认为，根据相关法律规定，被告人丁某某预警行为不构成自首、犯罪中止和立功，但其预警行为客观上避免了被害人损失扩大，也使被害人得以挽回部分损失，对案件破获及经济挽损等方面起到积极作用，应得到法律的正面评价，结合丁某某大学刚毕业，加入诈骗团伙时间较短，因其自愿认罪并取得被害人谅解等情节，对丁某某依法予以减轻处罚并适用缓刑。据此，以诈骗罪改判丁某某有期徒刑二年六个月，缓刑三年，并处罚金人民币二万元。

【典型意义】

电信网络诈骗犯罪的涉案人员在共同犯罪中的地位作用、行为的危害程度、主观恶性和人身危险性等方面有一定区别。人民法院对电信网络诈骗犯罪在坚持依法从严惩处的同时，也注重宽以济严，确保效果良好。本案被告人赵某云系从严惩处的对象，对诈骗团伙所犯全部罪行承担刑事责任。被告人丁某某刚刚进入社会，系初犯，参与犯罪时间较短，且在作案过程中主动向被害人坦承犯罪并示警，避免被害人损失进一步扩大，后主动脱离犯罪团伙，到案后真诚认罪悔罪，对于此类人员应坚持教育、感化、挽救方针，落实宽严相济刑事政策，用好认罪认罚从宽制度，彰显司法温度，进而增加社会和谐因素。

2. 福建省厦门市上某贵等人帮助诈骗团伙转取赃款诈骗案[①]

【基本案情】

2013 年 11 月至 2014 年 1 月，被告人上某贵与诈骗团伙共谋后，商定帮助诈骗团伙提取诈骗所得的赃款，以牟取非法利

---

① 《最高人民法院 2016 年 3 月 4 日发布电信网络诈骗犯罪典型案例》，载最高人民法院网站，https：//www. court. gov. cn/zixun – xiangqing – 17152. html，2022 年 10 月 17 日访问。

益。其后，上某贵提供食宿，并支付每日数百元报酬，雇佣被告人上官某水、上官某木取款。上某贵与诈骗团伙事先联系后，带领上官某水等人前往广东省深圳市、惠州市、东莞市等地，在银行 ATM 机上为诈骗团伙取款或转账，一人取款时，其他人在旁望风。上某贵等人参与为诈骗团伙提取、转账诈骗赃款共计 8954413.78 元。此外，2013 年 3 月至 8 月，上某贵还采用向不特定人发放虚假兑奖卡的手段，骗取他人财物共计 88671.09 元。

【裁判结果】

本案由福建省厦门市中级人民法院审理。现已发生法律效力。

法院认为，被告人上某贵以非法占有为目的，采用向不特定人发放虚假兑奖卡的手段，骗取他人财物，并伙同被告人上官某水、上官某木为诈骗犯罪团伙提取、转账诈骗所得赃款，其行为已构成诈骗罪。其中，上某贵负责与诈骗团伙的上线联系取款、交款等事宜，雇佣上官某水、上官某木等人取款，在共同犯罪中起主要作用，系主犯。上某贵还系累犯，依法应当从重处罚。据此，以诈骗罪判处被告人上某贵有期徒刑十三年，并处罚金人民币二十万元；以诈骗罪分别判处被告人上官某水、上官某木有期徒刑八年和有期徒刑五年。

【典型意义】

本案是帮助诈骗团伙转取赃款犯罪的典型案件。随着电信网络诈骗犯罪的蔓延，社会上出现了专门为诈骗团伙转取赃款而牟取非法利益的“职业取款人”。这类犯罪分子通过频繁更换银行卡、身份证和手机号码，辗转各地为诈骗犯罪团伙转取款，作案手段极为隐蔽，严重干扰、阻碍了司法机关打击电信网络诈骗犯罪活动。本案中，被告人上某贵在与诈骗团伙共谋后，使用700余张银行卡，纠集、雇佣人员，专门为诈骗团伙转取赃款，其取款的行为直接关系到诈骗目的能否实现，已构成诈骗罪的共犯。本案的公布，在于说明为诈骗团伙转取赃款，依法属于共同诈骗犯罪，同样要受到法律的惩处。

3. 湖南省双峰县秦某粮等人发送考试改分等虚假信息诈骗案[①]

【基本案情】

2014年4月至8月，被告人秦某粮分别伙同被告人康某贤等人，以发送“代考”“考后改分”等虚假信息进行诈骗。秦

---

① 《最高人民法院2016年3月4日发布电信网络诈骗犯罪典型案例》，载最高人民法院网站，https：//www. court. gov. cn/zixun－xiangqing－17152. html，2022年10月17日访问。

某粮事先购置银行卡、手机卡和QQ号，分配给康某贤等人，而后，秦某粮找人发送虚假手机短信，谎称可以考后改分、代考等，并留下联系方式。如有人联系考后改分或代考，由康某贤等人各自以“定金”等方式诱骗对方汇款至指定的银行账户，再将被害人信息交给秦某粮，由秦某粮冒充各地教育部门或人社部门的“领导”，以“保证金”等名义继续诱骗被害人汇款至指定的银行账户。秦某粮等人用此种手段诈骗十起，骗得金额共计60700元。

【裁判结果】

本案由湖南省双峰县人民法院审理。现已发生法律效力。

法院认为，被告人秦某粮伙同他人以非法占有为目的，虚构事实，诈骗被害人钱财，其行为已构成诈骗罪。在共同犯罪中，秦某粮系主犯。据此以诈骗罪判处被告人秦某粮有期徒刑五年，并处罚金人民币六万元；以诈骗罪判处康某贤等被告人一年六个月至九个月不等有期徒刑。

【典型意义】

本案是发送“考试改分”“代考”虚假信息实施诈骗的典型案件。目前，各类从业资格和职业职称考试种类繁多，此类考试结果如何，直接关系到考生的就业、升职等个人利益。一些不法分子即利用个别考生或其家属的投机心态进行诈骗。本案中，被告人发送可以帮助“考后改分”“代考”等虚假信息，以“定金”等方式先诱骗被害人汇款至指定的银行账户，而后又假冒教育部门工作人员等身份，以“保证金”等名义继续骗取被害人的财物，社会影响极为恶劣。希望广大考生及亲属以平常心面对社会竞争，不要心存侥幸，轻信此类虚假消息，应本着诚实付出的态度参加各类考试，共同促使社会进一步形成诚实守信、公平竞争的良好氛围。

附录一

中华人民共和国反电信网络诈骗法

（2022年9月2日第十三届全国人民代表大会常务委员会第三十六次会议通过　2022年9月2日中华人民共和国主席令第119号公布　自2022年12月1日起施行）

目　录

第一章　总　　则

第一条　为了预防、遏制和惩治电信网络诈骗活动，加强反电信网络诈骗工作，保护公民和组织的合法权益，维护社会稳定和国家安全，根据宪法，制定本法。

第二条 本法所称电信网络诈骗，是指以非法占有为目的，利用电信网络技术手段，通过远程、非接触等方式，诈骗公私财物的行为。

第三条 打击治理在中华人民共和国境内实施的电信网络诈骗活动或者中华人民共和国公民在境外实施的电信网络诈骗活动，适用本法。

境外的组织、个人针对中华人民共和国境内实施电信网络诈骗活动的，或者为他人针对境内实施电信网络诈骗活动提供产品、服务等帮助的，依照本法有关规定处理和追究责任。

第四条 反电信网络诈骗工作坚持以人民为中心，统筹发展和安全；坚持系统观念、法治思维，注重源头治理、综合治理；坚持齐抓共管、群防群治，全面落实打防管控各项措施，加强社会宣传教育防范；坚持精准防治，保障正常生产经营活动和群众生活便利。

第五条 反电信网络诈骗工作应当依法进行，维护公民和组织的合法权益。

有关部门和单位、个人应当对在反电信网络诈骗工作过程中知悉的国家秘密、商业秘密和个人隐私、个人信息予以保密。

第六条 国务院建立反电信网络诈骗工作机制，统筹协调打击治理工作。

地方各级人民政府组织领导本行政区域内反电信网络诈骗

工作，确定反电信网络诈骗目标任务和工作机制，开展综合治理。

公安机关牵头负责反电信网络诈骗工作，金融、电信、网信、市场监管等有关部门依照职责履行监管主体责任，负责本行业领域反电信网络诈骗工作。

人民法院、人民检察院发挥审判、检察职能作用，依法防范、惩治电信网络诈骗活动。

电信业务经营者、银行业金融机构、非银行支付机构、互联网服务提供者承担风险防控责任，建立反电信网络诈骗内部控制机制和安全责任制度，加强新业务涉诈风险安全评估。

第七条　有关部门、单位在反电信网络诈骗工作中应当密切协作，实现跨行业、跨地域协同配合、快速联动，加强专业队伍建设，有效打击治理电信网络诈骗活动。

第八条　各级人民政府和有关部门应当加强反电信网络诈骗宣传，普及相关法律和知识，提高公众对各类电信网络诈骗方式的防骗意识和识骗能力。

教育行政、市场监管、民政等有关部门和村民委员会、居民委员会，应当结合电信网络诈骗受害群体的分布等特征，加强对老年人、青少年等群体的宣传教育，增强反电信网络诈骗宣传教育的针对性、精准性，开展反电信网络诈骗宣传教育进学校、进企业、进社区、进农村、进家庭等活动。

各单位应当加强内部防范电信网络诈骗工作，对工作人员开展防范电信网络诈骗教育；个人应当加强电信网络诈骗防范意识。单位、个人应当协助、配合有关部门依照本法规定开展反电信网络诈骗工作。

第二章 电信治理

第九条 电信业务经营者应当依法全面落实电话用户真实身份信息登记制度。

基础电信企业和移动通信转售企业应当承担对代理商落实电话用户实名制管理责任，在协议中明确代理商实名制登记的责任和有关违约处置措施。

第十条 办理电话卡不得超出国家有关规定限制的数量。

对经识别存在异常办卡情形的，电信业务经营者有权加强核查或者拒绝办卡。具体识别办法由国务院电信主管部门制定。

国务院电信主管部门组织建立电话用户开卡数量核验机制和风险信息共享机制，并为用户查询名下电话卡信息提供便捷渠道。

第十一条 电信业务经营者对监测识别的涉诈异常电话卡用户应当重新进行实名核验，根据风险等级采取有区别的、相应的核验措施。对未按规定核验或者核验未通过的，电信业务经营者可以限制、暂停有关电话卡功能。

第十二条 电信业务经营者建立物联网卡用户风险评估制

度，评估未通过的，不得向其销售物联网卡；严格登记物联网卡用户身份信息；采取有效技术措施限定物联网卡开通功能、使用场景和适用设备。

单位用户从电信业务经营者购买物联网卡再将载有物联网卡的设备销售给其他用户的，应当核验和登记用户身份信息，并将销量、存量及用户实名信息传送给号码归属的电信业务经营者。

电信业务经营者对物联网卡的使用建立监测预警机制。对存在异常使用情形的，应当采取暂停服务、重新核验身份和使用场景或者其他合同约定的处置措施。

第十三条 电信业务经营者应当规范真实主叫号码传送和电信线路出租，对改号电话进行封堵拦截和溯源核查。

电信业务经营者应当严格规范国际通信业务出入口局主叫号码传送，真实、准确向用户提示来电号码所属国家或者地区，对网内和网间虚假主叫、不规范主叫进行识别、拦截。

第十四条 任何单位和个人不得非法制造、买卖、提供或者使用下列设备、软件：

（一）电话卡批量插入设备；

（二）具有改变主叫号码、虚拟拨号、互联网电话违规接入公用电信网络等功能的设备、软件；

（三）批量账号、网络地址自动切换系统，批量接收提供短信验证、语音验证的平台；

（四）其他用于实施电信网络诈骗等违法犯罪的设备、软件。

电信业务经营者、互联网服务提供者应当采取技术措施，及时识别、阻断前款规定的非法设备、软件接入网络，并向公安机关和相关行业主管部门报告。

第三章 金融治理

第十五条 银行业金融机构、非银行支付机构为客户开立银行账户、支付账户及提供支付结算服务，和与客户业务关系存续期间，应当建立客户尽职调查制度，依法识别受益所有人，采取相应风险管理措施，防范银行账户、支付账户等被用于电信网络诈骗活动。

第十六条 开立银行账户、支付账户不得超出国家有关规定限制的数量。

对经识别存在异常开户情形的，银行业金融机构、非银行支付机构有权加强核查或者拒绝开户。

中国人民银行、国务院银行业监督管理机构组织有关清算机构建立跨机构开户数量核验机制和风险信息共享机制，并为客户提供查询名下银行账户、支付账户的便捷渠道。银行业金融机构、非银行支付机构应当按照国家有关规定提供开户情况和有关风险信息。相关信息不得用于反电信网络诈骗以外的其他用途。

第十七条　银行业金融机构、非银行支付机构应当建立开立企业账户异常情形的风险防控机制。金融、电信、市场监管、税务等有关部门建立开立企业账户相关信息共享查询系统，提供联网核查服务。

市场主体登记机关应当依法对企业实名登记履行身份信息核验职责；依照规定对登记事项进行监督检查，对可能存在虚假登记、涉诈异常的企业重点监督检查，依法撤销登记的，依照前款的规定及时共享信息；为银行业金融机构、非银行支付机构进行客户尽职调查和依法识别受益所有人提供便利。

第十八条　银行业金融机构、非银行支付机构应当对银行账户、支付账户及支付结算服务加强监测，建立完善符合电信网络诈骗活动特征的异常账户和可疑交易监测机制。

中国人民银行统筹建立跨银行业金融机构、非银行支付机构的反洗钱统一监测系统，会同国务院公安部门完善与电信网络诈骗犯罪资金流转特点相适应的反洗钱可疑交易报告制度。

对监测识别的异常账户和可疑交易，银行业金融机构、非银行支付机构应当根据风险情况，采取核实交易情况、重新核验身份、延迟支付结算、限制或者中止有关业务等必要的防范措施。

银行业金融机构、非银行支付机构依照第一款规定开展异常账户和可疑交易监测时，可以收集异常客户互联网协议地址、网卡地址、支付受理终端信息等必要的交易信息、设备位置信息。上述信息未经客户授权，不得用于反电信网络诈骗以外的其他用途。

第十九条　银行业金融机构、非银行支付机构应当按照国家有关规定，完整、准确传输直接提供商品或者服务的商户名称、收付款客户名称及账号等交易信息，保证交易信息的真实、完整和支付全流程中的一致性。

第二十条　国务院公安部门会同有关部门建立完善电信网络诈骗涉案资金即时查询、紧急止付、快速冻结、及时解冻和资金返还制度，明确有关条件、程序和救济措施。

公安机关依法决定采取上述措施的，银行业金融机构、非银行支付机构应当予以配合。

第四章　互联网治理

第二十一条　电信业务经营者、互联网服务提供者为用户提供下列服务，在与用户签订协议或者确认提供服务时，应当依法要求用户提供真实身份信息，用户不提供真实身份信息的，不得提供服务：

（一）提供互联网接入服务；

（二）提供网络代理等网络地址转换服务；

（三）提供互联网域名注册、服务器托管、空间租用、云服务、内容分发服务；

（四）提供信息、软件发布服务，或者提供即时通讯、网络交易、网络游戏、网络直播发布、广告推广服务。

第二十二条　互联网服务提供者对监测识别的涉诈异常账号应当重新核验，根据国家有关规定采取限制功能、暂停服务等处置措施。

互联网服务提供者应当根据公安机关、电信主管部门要求，对涉案电话卡、涉诈异常电话卡所关联注册的有关互联网账号进行核验，根据风险情况，采取限期改正、限制功能、暂停使用、关闭账号、禁止重新注册等处置措施。

第二十三条　设立移动互联网应用程序应当按照国家有关规定向电信主管部门办理许可或者备案手续。

为应用程序提供封装、分发服务的，应当登记并核验应用程序开发运营者的真实身份信息，核验应用程序的功能、用途。

公安、电信、网信等部门和电信业务经营者、互联网服务提供者应当加强对分发平台以外途径下载传播的涉诈应用程序重点监测、及时处置。

第二十四条　提供域名解析、域名跳转、网址链接转换服务的，应当按照国家有关规定，核验域名注册、解析信息和互联网协议地址的真实性、准确性，规范域名跳转，记录并留存所提供相应服务的日志信息，支持实现对解析、跳转、转换记录的溯源。

第二十五条　任何单位和个人不得为他人实施电信网络诈

骗活动提供下列支持或者帮助：

（一）出售、提供个人信息；

（二）帮助他人通过虚拟货币交易等方式洗钱；

（三）其他为电信网络诈骗活动提供支持或者帮助的行为。

电信业务经营者、互联网服务提供者应当依照国家有关规定，履行合理注意义务，对利用下列业务从事涉诈支持、帮助活动进行监测识别和处置：

（一）提供互联网接入、服务器托管、网络存储、通讯传输、线路出租、域名解析等网络资源服务；

（二）提供信息发布或者搜索、广告推广、引流推广等网络推广服务；

（三）提供应用程序、网站等网络技术、产品的制作、维护服务；

（四）提供支付结算服务。

第二十六条 公安机关办理电信网络诈骗案件依法调取证据的，互联网服务提供者应当及时提供技术支持和协助。

互联网服务提供者依照本法规定对有关涉诈信息、活动进行监测时，发现涉诈违法犯罪线索、风险信息的，应当依照国家有关规定，根据涉诈风险类型、程度情况移送公安、金融、电信、网信等部门。有关部门应当建立完善反馈机制，将相关情况及时告知移送单位。

第五章 综合措施

第二十七条 公安机关应当建立完善打击治理电信网络诈骗工作机制，加强专门队伍和专业技术建设，各警种、各地公安机关应当密切配合，依法有效惩处电信网络诈骗活动。

公安机关接到电信网络诈骗活动的报案或者发现电信网络诈骗活动，应当依照《中华人民共和国刑事诉讼法》的规定立案侦查。

第二十八条 金融、电信、网信部门依照职责对银行业金融机构、非银行支付机构、电信业务经营者、互联网服务提供者落实本法规定情况进行监督检查。有关监督检查活动应当依法规范开展。

第二十九条 个人信息处理者应当依照《中华人民共和国个人信息保护法》等法律规定，规范个人信息处理，加强个人信息保护，建立个人信息被用于电信网络诈骗的防范机制。

履行个人信息保护职责的部门、单位对可能被电信网络诈骗利用的物流信息、交易信息、贷款信息、医疗信息、婚介信息等实施重点保护。公安机关办理电信网络诈骗案件，应当同时查证犯罪所利用的个人信息来源，依法追究相关人员和单位责任。

第三十条 电信业务经营者、银行业金融机构、非银行支付机构、互联网服务提供者应当对从业人员和用户开展反电信网络诈骗宣传，在有关业务活动中对防范电信网络诈骗作出提示，对本领域新出现的电信网络诈骗手段及时向用户作出提醒，对非法买卖、出租、出借本人有关卡、账户、账号等被用于电信网络诈骗的法律责任作出警示。

新闻、广播、电视、文化、互联网信息服务等单位，应当面向社会有针对性地开展反电信网络诈骗宣传教育。

任何单位和个人有权举报电信网络诈骗活动，有关部门应当依法及时处理，对提供有效信息的举报人依照规定给予奖励和保护。

第三十一条 任何单位和个人不得非法买卖、出租、出借电话卡、物联网卡、电信线路、短信端口、银行账户、支付账户、互联网账号等，不得提供实名核验帮助；不得假冒他人身份或者虚构代理关系开立上述卡、账户、账号等。

对经设区的市级以上公安机关认定的实施前款行为的单位、个人和相关组织者，以及因从事电信网络诈骗活动或者关联犯罪受过刑事处罚的人员，可以按照国家有关规定记入信用记录，采取限制其有关卡、账户、账号等功能和停止非柜面业务、暂停新业务、限制入网等措施。对上述认定和措施有异议的，可以提出申诉，有关部门应当建立健全申诉渠道、信用修复和救济制度。具体办法由国务院公安部门会同有关主管部门规定。

第三十二条 国家支持电信业务经营者、银行业金融机构、非银行支付机构、互联网服务提供者研究开发有关电信网络诈骗反制技术，用于监测识别、动态封堵和处置涉诈异常信息、活动。

国务院公安部门、金融管理部门、电信主管部门和国家网信部门等应当统筹负责本行业领域反制技术措施建设，推进涉电信网络诈骗样本信息数据共享，加强涉诈用户信息交叉核验，建立有关涉诈异常信息、活动的监测识别、动态封堵和处置机制。

依据本法第十一条、第十二条、第十八条、第二十二条和前款规定，对涉诈异常情形采取限制、暂停服务等处置措施的，应当告知处置原因、救济渠道及需要提交的资料等事项，被处置对象可以向作出决定或者采取措施的部门、单位提出申诉。作出决定的部门、单位应当建立完善申诉渠道，及时受理申诉并核查，核查通过的，应当即时解除有关措施。

第三十三条　国家推进网络身份认证公共服务建设，支持个人、企业自愿使用，电信业务经营者、银行业金融机构、非银行支付机构、互联网服务提供者对存在涉诈异常的电话卡、银行账户、支付账户、互联网账号，可以通过国家网络身份认证公共服务对用户身份重新进行核验。

第三十四条　公安机关应当会同金融、电信、网信部门组织银行业金融机构、非银行支付机构、电信业务经营者、互联网服务提供者等建立预警劝阻系统，对预警发现的潜在被害人，根据情况及时采取相应劝阻措施。对电信网络诈骗案件应当加强追赃挽损，完善涉案资金处置制度，及时返还被害人的合法财产。对遭受重大生活困难的被害人，符合国家有关救助条件的，有关方面依照规定给予救助。

第三十五条 经国务院反电信网络诈骗工作机制决定或者批准，公安、金融、电信等部门对电信网络诈骗活动严重的特定地区，可以依照国家有关规定采取必要的临时风险防范措施。

第三十六条 对前往电信网络诈骗活动严重地区的人员，出境活动存在重大涉电信网络诈骗活动嫌疑的，移民管理机构可以决定不准其出境。

因从事电信网络诈骗活动受过刑事处罚的人员，设区的市级以上公安机关可以根据犯罪情况和预防再犯罪的需要，决定自处罚完毕之日起六个月至三年以内不准其出境，并通知移民管理机构执行。

第三十七条 国务院公安部门等会同外交部门加强国际执法司法合作，与有关国家、地区、国际组织建立有效合作机制，通过开展国际警务合作等方式，提升在信息交流、调查取证、侦查抓捕、追赃挽损等方面的合作水平，有效打击遏制跨境电信网络诈骗活动。

第六章 法律责任

第三十八条 组织、策划、实施、参与电信网络诈骗活动或者为电信网络诈骗活动提供帮助，构成犯罪的，依法追究刑事责任。

前款行为尚不构成犯罪的，由公安机关处十日以上十五日以下拘留；没收违法所得，处违法所得一倍以上十倍以下罚款，没有违法所得或者违法所得不足一万元的，处十万元以下罚款。

第三十九条 电信业务经营者违反本法规定，有下列情形之一的，由有关主管部门责令改正，情节较轻的，给予警告、通报批评，或者处五万元以上五十万元以下罚款；情节严重的，处五十万元以上五百万元以下罚款，并可以由有关主管部门责令暂停相关业务、停业整顿、吊销相关业务许可证或者吊销营业执照，对其直接负责的主管人员和其他直接责任人员，处一万元以上二十万元以下罚款：

（一）未落实国家有关规定确定的反电信网络诈骗内部控制机制的；

（二）未履行电话卡、物联网卡实名制登记职责的；

（三）未履行对电话卡、物联网卡的监测识别、监测预警和相关处置职责的；

（四）未对物联网卡用户进行风险评估，或者未限定物联网卡的开通功能、使用场景和适用设备的；

（五）未采取措施对改号电话、虚假主叫或者具有相应功能的非法设备进行监测处置的。

第四十条 银行业金融机构、非银行支付机构违反本法规定，有下列情形之一的，由有关主管部门责令改正，情节较轻的，给予警告、通报批评，或者处五万元以上五十万元以下罚款；情节严重的，处五十万元以上五百万元以下罚款，并可以由有关主管部门责令停止新增业务、缩减业务类型或者业务范围、暂停相关业务、停业整顿、吊销相关业务许可证或者吊销营业执照，对其直接负责的主管人员和其他直接责任人员，处一万元以上二十万元以下罚款：

（一）未落实国家有关规定确定的反电信网络诈骗内部控制机制的；

（二）未履行尽职调查义务和有关风险管理措施的；

（三）未履行对异常账户、可疑交易的风险监测和相关处置义务的；

（四）未按照规定完整、准确传输有关交易信息的。

第四十一条 电信业务经营者、互联网服务提供者违反本法规定，有下列情形之一的，由有关主管部门责令改正，情节较轻的，给予警告、通报批评，或者处五万元以上五十万元以下罚款；情节严重的，处五十万元以上五百万元以下罚款，并可以由有关主管部门责令暂停相关业务、停业整顿、关闭网站或者应用程序、吊销相关业务许可证或者吊销营业执照，对其直接负责的主管人员和其他直接责任人员，处一万元以上二十万元以下罚款：

（一）未落实国家有关规定确定的反电信网络诈骗内部控制机制的；

（二）未履行网络服务实名制职责，或者未对涉案、涉诈电话卡关联注册互联网账号进行核验的；

（三）未按照国家有关规定，核验域名注册、解析信息和互联网协议地址的真实性、准确性，规范域名跳转，或者记录并留存所提供相应服务的日志信息的；

（四）未登记核验移动互联网应用程序开发运营者的真实身份信息或者未核验应用程序的功能、用途，为其提供应用程序封装、分发服务的；

（五）未履行对涉诈互联网账号和应用程序，以及其他电信网络诈骗信息、活动的监测识别和处置义务的；

（六）拒不依法为查处电信网络诈骗犯罪提供技术支持和协助，或者未按规定移送有关违法犯罪线索、风险信息的。

第四十二条 违反本法第十四条、第二十五条第一款规定的，没收违法所得，由公安机关或者有关主管部门处违法所得一倍以上十倍以下罚款，没有违法所得或者违法所得不足五万元的，处五十万元以下罚款；情节严重的，由公安机关并处十五日以下拘留。

第四十三条 违反本法第二十五条第二款规定，由有关主管部门责令改正，情节较轻的，给予警告、通报批评，或者处五万元以上五十万元以下罚款；情节严重的，处五十万元以上五百万元以下罚款，并可以由有关主管部门责令暂停相关业务、停业整顿、关闭网站或者应用程序，对其直接负责的主管人员和其他直接责任人员，处一万元以上二十万元以下罚款。

第四十四条 违反本法第三十一条第一款规定的，没收违法所得，由公安机关处违法所得一倍以上十倍以下罚款，没有违法所得或者违法所得不足二万元的，处二十万元以下罚款；情节严重的，并处十五日以下拘留。

第四十五条 反电信网络诈骗工作有关部门、单位的工作人员滥用职权、玩忽职守、徇私舞弊，或者有其他违反本法规定行为，构成犯罪的，依法追究刑事责任。

第四十六条 组织、策划、实施、参与电信网络诈骗活动或者为电信网络诈骗活动提供相关帮助的违法犯罪人员，除依法承担刑事责任、行政责任以外，造成他人损害的，依照《中华人民共和国民法典》等法律的规定承担民事责任。

电信业务经营者、银行业金融机构、非银行支付机构、互联网服务提供者等违反本法规定，造成他人损害的，依照《中华人民共和国民法典》等法律的规定承担民事责任。

第四十七条 人民检察院在履行反电信网络诈骗职责中，对于侵害国家利益和社会公共利益的行为，可以依法向人民法院提起公益诉讼。

第四十八条 有关单位和个人对依照本法作出的行政处罚

和行政强制措施决定不服的，可以依法申请行政复议或者提起行政诉讼。

第七章 附　　则

第四十九条 反电信网络诈骗工作涉及的有关管理和责任制度，本法没有规定的，适用《中华人民共和国网络安全法》、《中华人民共和国个人信息保护法》、《中华人民共和国反洗钱法》等相关法律规定。

第五十条 本法自2022年12月1日起施行。

最高人民法院、最高人民检察院、公安部关于办理电信网络诈骗等刑事案件适用法律若干问题的意见

（2016年12月19日　法发〔2016〕32号）

为依法惩治电信网络诈骗等犯罪活动，保护公民、法人和其他组织的合法权益，维护社会秩序，根据《中华人民共和国刑法》《中华人民共和国刑事诉讼法》等法律和有关司法解释的规定，结合工作实际，制定本意见。

一、总体要求

近年来，利用通讯工具、互联网等技术手段实施的电信网

络诈骗犯罪活动持续高发，侵犯公民个人信息，扰乱无线电通讯管理秩序，掩饰、隐瞒犯罪所得、犯罪所得收益等上下游关联犯罪不断蔓延。此类犯罪严重侵害人民群众财产安全和其他合法权益，严重干扰电信网络秩序，严重破坏社会诚信，严重影响人民群众安全感和社会和谐稳定，社会危害性大，人民群众反映强烈。

人民法院、人民检察院、公安机关要针对电信网络诈骗等犯罪的特点，坚持全链条全方位打击，坚持依法从严从快惩处，坚持最大力度最大限度追赃挽损，进一步健全工作机制，加强协作配合，坚决有效遏制电信网络诈骗等犯罪活动，努力实现法律效果和社会效果的高度统一。

二、依法严惩电信网络诈骗犯罪

（一）根据《最高人民法院、最高人民检察院关于办理诈骗刑事案件具体应用法律若干问题的解释》第一条的规定，利用电信网络技术手段实施诈骗，诈骗公私财物价值三千元以上、三万元以上、五十万元以上的，应当分别认定为刑法第二百六十六条规定的“数额较大”“数额巨大”“数额特别巨大”。

二年内多次实施电信网络诈骗未经处理，诈骗数额累计计算构成犯罪的，应当依法定罪处罚。

（二）实施电信网络诈骗犯罪，达到相应数额标准，具有下列情形之一的，酌情从重处罚：

1. 造成被害人或其近亲属自杀、死亡或者精神失常等严重后果的；

2. 冒充司法机关等国家机关工作人员实施诈骗的；

3. 组织、指挥电信网络诈骗犯罪团伙的；

4. 在境外实施电信网络诈骗的；

5. 曾因电信网络诈骗犯罪受过刑事处罚或者二年内曾因电信网络诈骗受过行政处罚的；

6. 诈骗残疾人、老年人、未成年人、在校学生、丧失劳动能力人的财物，或者诈骗重病患者及其亲属财物的；

7. 诈骗救灾、抢险、防汛、优抚、扶贫、移民、救济、医疗等款物的；

8. 以赈灾、募捐等社会公益、慈善名义实施诈骗的；

9. 利用电话追呼系统等技术手段严重干扰公安机关等部门工作的；

10. 利用“钓鱼网站”链接、“木马”程序链接、网络渗透等隐蔽技术手段实施诈骗的。

（三）实施电信网络诈骗犯罪，诈骗数额接近“数额巨大”“数额特别巨大”的标准，具有前述第（二）条规定的情形之一的，应当分别认定为刑法第二百六十六条规定的“其他严重情节”“其他特别严重情节”。

上述规定的“接近”，一般应掌握在相应数额标准的百分之八十以上。

（四）实施电信网络诈骗犯罪，犯罪嫌疑人、被告人实际骗得财物的，以诈骗罪（既遂）定罪处罚。诈骗数额难以查证，但具有下列情形之一的，应当认定为刑法第二百六十六条规定的“其他严重情节”，以诈骗罪（未遂）定罪处罚：

1. 发送诈骗信息五千条以上的，或者拨打诈骗电话五百人次以上的；

2. 在互联网上发布诈骗信息，页面浏览量累计五千次以上的。

具有上述情形，数量达到相应标准十倍以上的，应当认定为刑法第二百六十六条规定的“其他特别严重情节”，以诈骗罪（未遂）定罪处罚。

上述“拨打诈骗电话”，包括拨出诈骗电话和接听被害人回拨电话。反复拨打、接听同一电话号码，以及反复向同一被害人发送诈骗信息的，拨打、接听电话次数、发送信息条数累计计算。

因犯罪嫌疑人、被告人故意隐匿、毁灭证据等原因，致拨打电话次数、发送信息条数的证据难以收集的，可以根据经查证属实的日拨打人次数、日发送信息条数，结合犯罪嫌疑人、被告人实施犯罪的时间、犯罪嫌疑人、被告人的供述等相关证据，综合予以认定。

（五）电信网络诈骗既有既遂，又有未遂，分别达到不同量刑幅度的，依照处罚较重的规定处罚；达到同一量刑幅度的，以诈骗罪既遂处罚。

（六）对实施电信网络诈骗犯罪的被告人裁量刑罚，在确定量刑起点、基准刑时，一般应就高选择。确定宣告刑时，应当综合全案事实情节，准确把握从重、从轻量刑情节的调节幅度，保证罪责刑相适应。

（七）对实施电信网络诈骗犯罪的被告人，应当严格控制适用缓刑的范围，严格掌握适用缓刑的条件。

（八）对实施电信网络诈骗犯罪的被告人，应当更加注重依法适用财产刑，加大经济上的惩罚力度，最大限度剥夺被告人再犯的能力。

三、全面惩处关联犯罪

（一）在实施电信网络诈骗活动中，非法使用“伪基站”“黑广播”，干扰无线电通讯秩序，符合刑法第二百八十八条规定的，以扰乱无线电通讯管理秩序罪追究刑事责任。同时构成诈骗罪的，依照处罚较重的规定定罪处罚。

（二）违反国家有关规定，向他人出售或者提供公民个人信息，窃取或者以其他方法非法获取公民个人信息，符合刑法第二百五十三条之一规定的，以侵犯公民个人信息罪追究刑事责任。

使用非法获取的公民个人信息，实施电信网络诈骗犯罪行为，构成数罪的，应当依法予以并罚。

（三）冒充国家机关工作人员实施电信网络诈骗犯罪，同时构成诈骗罪和招摇撞骗罪的，依照处罚较重的规定定罪处罚。

（四）非法持有他人信用卡，没有证据证明从事电信网络诈骗犯罪活动，符合刑法第一百七十七条之一第一款第（二）项规定的，以妨害信用卡管理罪追究刑事责任。

（五）明知是电信网络诈骗犯罪所得及其产生的收益，以下列方式之一予以转账、套现、取现的，依照刑法第三百一十二条第一款的规定，以掩饰、隐瞒犯罪所得、犯罪所得收益罪追究刑事责任。但有证据证明确实不知道的除外：

1. 通过使用销售点终端机具（POS 机）刷卡套现等非法途径，协助转换或者转移财物的；

2. 帮助他人将巨额现金散存于多个银行账户，或在不同银行账户之间频繁划转的；

3. 多次使用或者使用多个非本人身份证明开设的信用卡、资金支付结算账户或者多次采用遮蔽摄像头、伪装等异常手段，帮助他人转账、套现、取现的；

4. 为他人提供非本人身份证明开设的信用卡、资金支付结算账户后，又帮助他人转账、套现、取现的；

5. 以明显异于市场的价格，通过手机充值、交易游戏点卡等方式套现的。

实施上述行为，事前通谋的，以共同犯罪论处。

实施上述行为，电信网络诈骗犯罪嫌疑人尚未到案或案件尚未依法裁判，但现有证据足以证明该犯罪行为确实存在的，不影响掩饰、隐瞒犯罪所得、犯罪所得收益罪的认定。

实施上述行为，同时构成其他犯罪的，依照处罚较重的规定定罪处罚。法律和司法解释另有规定的除外。

（六）网络服务提供者不履行法律、行政法规规定的信息网络安全管理义务，经监管部门责令采取改正措施而拒不改正，致使诈骗信息大量传播，或者用户信息泄露造成严重后果的，依照刑法第二百八十六条之一的规定，以拒不履行信息网络安全管理义务罪追究刑事责任。同时构成诈骗罪的，依照处罚较重的规定定罪处罚。

（七）实施刑法第二百八十七条之一、第二百八十七条之二规定之行为，构成非法利用信息网络罪、帮助信息网络犯罪活动罪，同时构成诈骗罪的，依照处罚较重的规定定罪处罚。

（八）金融机构、网络服务提供者、电信业务经营者等在经营活动中，违反国家有关规定，被电信网络诈骗犯罪分子利用，使他人遭受财产损失的，依法承担相应责任。构成犯罪的，依法追究刑事责任。

四、准确认定共同犯罪与主观故意

（一）三人以上为实施电信网络诈骗犯罪而组成的较为固定的犯罪组织，应依法认定为诈骗犯罪集团。对组织、领导犯罪集团的首要分子，按照集团所犯的全部罪行处罚。对犯罪集团中组织、指挥、策划者和骨干分子依法从严惩处。

对犯罪集团中起次要、辅助作用的从犯，特别是在规定期限内投案自首、积极协助抓获主犯、积极协助追赃的，依法从轻或减轻处罚。

对犯罪集团首要分子以外的主犯，应当按照其所参与的或者组织、指挥的全部犯罪处罚。全部犯罪包括能够查明具体诈骗数额的事实和能够查明发送诈骗信息条数、拨打诈骗电话人次数、诈骗信息网页浏览次数的事实。

（二）多人共同实施电信网络诈骗，犯罪嫌疑人、被告人应对其参与期间该诈骗团伙实施的全部诈骗行为承担责任。在其所参与的犯罪环节中起主要作用的，可以认定为主犯；起次要作用的，可以认定为从犯。

上述规定的“参与期间”，从犯罪嫌疑人、被告人着手实施诈骗行为开始起算。

（三）明知他人实施电信网络诈骗犯罪，具有下列情形之一的，以共同犯罪论处，但法律和司法解释另有规定的除外：

1. 提供信用卡、资金支付结算账户、手机卡、通讯工具的；

2. 非法获取、出售、提供公民个人信息的；

3. 制作、销售、提供“木马”程序和“钓鱼软件”等恶意程序的；

4. 提供“伪基站”设备或相关服务的；

5. 提供互联网接入、服务器托管、网络存储、通讯传输等技术支持，或者提供支付结算等帮助的；

6. 在提供改号软件、通话线路等技术服务时，发现主叫号码被修改为国内党政机关、司法机关、公共服务部门号码，或者境外用户改为境内号码，仍提供服务的；

7. 提供资金、场所、交通、生活保障等帮助的；

8. 帮助转移诈骗犯罪所得及其产生的收益，套现、取现的。

上述规定的“明知他人实施电信网络诈骗犯罪”，应当结合被告人的认知能力，既往经历，行为次数和手段，与他人关系，获利情况，是否曾因电信网络诈骗受过处罚，是否故意规避调查等主客观因素进行综合分析认定。

（四）负责招募他人实施电信网络诈骗犯罪活动，或者制作、提供诈骗方案、术语清单、语音包、信息等的，以诈骗共同犯罪论处。

（五）部分犯罪嫌疑人在逃，但不影响对已到案共同犯罪嫌疑人、被告人的犯罪事实认定的，可以依法先行追究已到案共同犯罪嫌疑人、被告人的刑事责任。

五、依法确定案件管辖

（一）电信网络诈骗犯罪案件一般由犯罪地公安机关立案侦查，如果由犯罪嫌疑人居住地公安机关立案侦查更为适宜的，可以由犯罪嫌疑人居住地公安机关立案侦查。犯罪地包括犯罪行为发生地和犯罪结果发生地。

“犯罪行为发生地”包括用于电信网络诈骗犯罪的网站服务器所在地，网站建立者、管理者所在地，被侵害的计算机信息系统或其管理者所在地，犯罪嫌疑人、被害人使用的计算机信息系统所在地，诈骗电话、短信息、电子邮件等的拨打地、发送地、到达地、接受地，以及诈骗行为持续发生的实施地、预备地、开始地、途经地、结束地。

“犯罪结果发生地”包括被害人被骗时所在地，以及诈骗所得财物的实际取得地、藏匿地、转移地、使用地、销售地等。

（二）电信网络诈骗最初发现地公安机关侦办的案件，诈骗数额当时未达到“数额较大”标准，但后续累计达到“数额较大”标准，可由最初发现地公安机关立案侦查。

（三）具有下列情形之一的，有关公安机关可以在其职责范围内并案侦查：

1. 一人犯数罪的；

2. 共同犯罪的；

3. 共同犯罪的犯罪嫌疑人还实施其他犯罪的；

4. 多个犯罪嫌疑人实施的犯罪存在直接关联，并案处理有利于查明案件事实的。

（四）对因网络交易、技术支持、资金支付结算等关系形成多层级链条、跨区域的电信网络诈骗等犯罪案件，可由共同上级公安机关按照有利于查清犯罪事实、有利于诉讼的原则，指定有关公安机关立案侦查。

（五）多个公安机关都有权立案侦查的电信网络诈骗等犯罪案件，由最初受理的公安机关或者主要犯罪地公安机关立案侦查。有争议的，按照有利于查清犯罪事实、有利于诉讼的原则，协商解决。经协商无法达成一致的，由共同上级公安机关指定有关公安机关立案侦查。

（六）在境外实施的电信网络诈骗等犯罪案件，可由公安部按照有利于查清犯罪事实、有利于诉讼的原则，指定有关公安机关立案侦查。

（七）公安机关立案、并案侦查，或因有争议，由共同上级公安机关指定立案侦查的案件，需要提请批准逮捕、移送审查起诉、提起公诉的，由该公安机关所在地的人民检察院、人民法院受理。

对重大疑难复杂案件和境外案件，公安机关应在指定立案侦查前，向同级人民检察院、人民法院通报。

（八）已确定管辖的电信诈骗共同犯罪案件，在逃的犯罪嫌疑人归案后，一般由原管辖的公安机关、人民检察院、人民法院管辖。

六、证据的收集和审查判断

（一）办理电信网络诈骗案件，确因被害人人数众多等客观条件的限制，无法逐一收集被害人陈述的，可以结合已收集的被害人陈述，以及经查证属实的银行账户交易记录、第三方支付结算账户交易记录、通话记录、电子数据等证据，综合认定被害人人数及诈骗资金数额等犯罪事实。

（二）公安机关采取技术侦查措施收集的案件证明材料，作为证据使用的，应当随案移送批准采取技术侦查措施的法律文书和所收集的证据材料，并对其来源等作出书面说明。

（三）依照国际条约、刑事司法协助、互助协议或平等互助原则，请求证据材料所在地司法机关收集，或通过国际警务合作机制、国际刑警组织启动合作取证程序收集的境外证据材料，经查证属实，可以作为定案的依据。公安机关应对其来源、提取人、提取时间或者提供人、提供时间以及保管移交的过程等作出说明。

对其他来自境外的证据材料，应当对其来源、提供人、提供时间以及提取人、提取时间进行审查。能够证明案件事实且符合刑事诉讼法规定的，可以作为证据使用。

七、涉案财物的处理

（一）公安机关侦办电信网络诈骗案件，应当随案移送涉案赃款赃物，并附清单。人民检察院提起公诉时，应一并移交受理案件的人民法院，同时就涉案赃款赃物的处理提出意见。

（二）涉案银行账户或者涉案第三方支付账户内的款项，对权属明确的被害人的合法财产，应当及时返还。确因客观原因无法查实全部被害人，但有证据证明该账户系用于电信网络诈骗犯罪，且被告人无法说明款项合法来源的，根据刑法第六十四条的规定，应认定为违法所得，予以追缴。

（三）被告人已将诈骗财物用于清偿债务或者转让给他人，具有下列情形之一的，应当依法追缴：

1. 对方明知是诈骗财物而收取的；

2. 对方无偿取得诈骗财物的；

3. 对方以明显低于市场的价格取得诈骗财物的；

4. 对方取得诈骗财物系源于非法债务或者违法犯罪活动的。

他人善意取得诈骗财物的，不予追缴。

最高人民法院、最高人民检察院、公安部关于办理电信网络诈骗等刑事案件适用法律若干问题的意见（二）

（2021年6月17日　法发〔2021〕22号）

为进一步依法严厉惩治电信网络诈骗犯罪，对其上下游关联犯罪实行全链条、全方位打击，根据《中华人民共和国刑法》《中华人民共和国刑事诉讼法》等法律和有关司法解释的规定，针对司法实践中出现的新的突出问题，结合工作实际，制定本意见。

一、电信网络诈骗犯罪地，除《最高人民法院、最高人民检察院、公安部关于办理电信网络诈骗等刑事案件适用法律若干问题的意见》规定的犯罪行为发生地和结果发生地外，还包括：

（一）用于犯罪活动的手机卡、流量卡、物联网卡的开立地、销售地、转移地、藏匿地；

（二）用于犯罪活动的信用卡的开立地、销售地、转移地、藏匿地、使用地以及资金交易对手资金交付和汇出地；

（三）用于犯罪活动的银行账户、非银行支付账户的开立地、销售地、使用地以及资金交易对手资金交付和汇出地；

（四）用于犯罪活动的即时通讯信息、广告推广信息的发送地、接受地、到达地；

（五）用于犯罪活动的“猫池”（Modem Pool）、GOIP 设备、多卡宝等硬件设备的销售地、入网地、藏匿地；

（六）用于犯罪活动的互联网账号的销售地、登录地。

二、为电信网络诈骗犯罪提供作案工具、技术支持等帮助以及掩饰、隐瞒犯罪所得及其产生的收益，由此形成多层级犯罪链条的，或者利用同一网站、通讯群组、资金账户、作案窝点实施电信网络诈骗犯罪的，应当认定为多个犯罪嫌疑人、被告人实施的犯罪存在关联，人民法院、人民检察院、公安机关可以在其职责范围内并案处理。

三、有证据证实行为人参加境外诈骗犯罪集团或犯罪团伙，在境外针对境内居民实施电信网络诈骗犯罪行为，诈骗数额难以查证，但一年内出境赴境外诈骗犯罪窝点累计时间30日以上或多次出境赴境外诈骗犯罪窝点的，应当认定为刑法第二百六十六条规定的“其他严重情节”，以诈骗罪依法追究刑事责任。有证据证明其出境从事正当活动的除外。

四、无正当理由持有他人的单位结算卡的，属于刑法第一百七十七条之一第一款第（二）项规定的“非法持有他人信用卡”。

五、非法获取、出售、提供具有信息发布、即时通讯、支付结算等功能的互联网账号密码、个人生物识别信息，符合刑法第二百五十三条之一规定的，以侵犯公民个人信息罪追究刑事责任。

对批量前述互联网账号密码、个人生物识别信息的条数，根据查获的数量直接认定，但有证据证明信息不真实或者重复的除外。

六、在网上注册办理手机卡、信用卡、银行账户、非银行支付账户时，为通过网上认证，使用他人身份证件信息并替换他人身份证件相片，属于伪造身份证件行为，符合刑法第二百八十条第三款规定的，以伪造身份证件罪追究刑事责任。

使用伪造、变造的身份证件或者盗用他人身份证件办理手机卡、信用卡、银行账户、非银行支付账户，符合刑法第二百八十条之一第一款规定的，以使用虚假身份证件、盗用身份证件罪追究刑事责任。

实施上述两款行为，同时构成其他犯罪的，依照处罚较重的规定定罪处罚。法律和司法解释另有规定的除外。

七、为他人利用信息网络实施犯罪而实施下列行为，可以认定为刑法第二百八十七条之二规定的“帮助”行为：

（一）收购、出售、出租信用卡、银行账户、非银行支付账户、具有支付结算功能的互联网账号密码、网络支付接口、网上银行数字证书的；

（二）收购、出售、出租他人手机卡、流量卡、物联网卡的。

八、认定刑法第二百八十七条之二规定的行为人明知他人利用信息网络实施犯罪，应当根据行为人收购、出售、出租前述第七条规定的信用卡、银行账户、非银行支付账户、具有支付结算功能的互联网账号密码、网络支付接口、网上银行数字证书，或者他人手机卡、流量卡、物联网卡等的次数、张数、个数，并结合行为人的认知能力、既往经历、交易对象、与实施信息网络犯罪的行为人的关系、提供技术支持或者帮助的时间和方式、获利情况以及行为人的供述等主客观因素，予以综合认定。

收购、出售、出租单位银行结算账户、非银行支付机构单位支付账户，或者电信、银行、网络支付等行业从业人员利用履行职责或提供服务便利，非法开办并出售、出租他人手机卡、信用卡、银行账户、非银行支付账户等的，可以认定为

《最高人民法院、最高人民检察院关于办理非法利用信息网络、帮助信息网络犯罪活动等刑事案件适用法律若干问题的解释》第十一条第（七）项规定的“其他足以认定行为人明知的情形”。但有相反证据的除外。

九、明知他人利用信息网络实施犯罪，为其犯罪提供下列帮助之一的，可以认定为《最高人民法院、最高人民检察院关于办理非法利用信息网络、帮助信息网络犯罪活动等刑事案件适用法律若干问题的解释》第十二条第一款第（七）项规定的“其他情节严重的情形”：

（一）收购、出售、出租信用卡、银行账户、非银行支付账户、具有支付结算功能的互联网账号密码、网络支付接口、网上银行数字证书5张（个）以上的；

（二）收购、出售、出租他人手机卡、流量卡、物联网卡20张以上的。

十、电商平台预付卡、虚拟货币、手机充值卡、游戏点卡、游戏装备等经销商，在公安机关调查案件过程中，被明确告知其交易对象涉嫌电信网络诈骗犯罪，仍与其继续交易，符合刑法第二百八十七条之二规定的，以帮助信息网络犯罪活动罪追究刑事责任。同时构成其他犯罪的，依照处罚较重的规定定罪处罚。

十一、明知是电信网络诈骗犯罪所得及其产生的收益，以下列方式之一予以转账、套现、取现，符合刑法第三百一十二条第一款规定的，以掩饰、隐瞒犯罪所得、犯罪所得收益罪追究刑事责任。但有证据证明确实不知道的除外。

（一）多次使用或者使用多个非本人身份证明开设的收款码、网络支付接口等，帮助他人转账、套现、取现的；

（二）以明显异于市场的价格，通过电商平台预付卡、虚拟货币、手机充值卡、游戏点卡、游戏装备等转换财物、套现的；

（三）协助转换或者转移财物，收取明显高于市场的“手续费”的。

实施上述行为，事前通谋的，以共同犯罪论处；同时构成其他犯罪的，依照处罚较重的规定定罪处罚。法律和司法解释另有规定的除外。

十二、为他人实施电信网络诈骗犯罪提供技术支持、广告推广、支付结算等帮助，或者窝藏、转移、收购、代为销售及以其他方法掩饰、隐瞒电信网络诈骗犯罪所得及其产生的收益，诈骗犯罪行为可以确认，但实施诈骗的行为人尚未到案，可以依法先行追究已到案的上述犯罪嫌疑人、被告人的刑事责任。

十三、办案地公安机关可以通过公安机关信息化系统调取异地公安机关依法制作、收集的刑事案件受案登记表、立案决定书、被害人陈述等证据材料。调取时不得少于两名侦查人员，并应记载调取的时间、使用的信息化系统名称等相关信息，调取人签名并加盖办案地公安机关印章。经审核证明真实的，可以作为证据使用。

十四、通过国（区）际警务合作收集或者境外警方移交的境外证据材料，确因客观条件限制，境外警方未提供相关证据的发现、收集、保管、移交情况等材料的，公安机关应当对上述证据材料的来源、移交过程以及种类、数量、特征等作出书面说明，由两名以上侦查人员签名并加盖公安机关印章。经审核能够证明案件事实的，可以作为证据使用。

十五、对境外司法机关抓获并羁押的电信网络诈骗犯罪嫌疑人，在境内接受审判的，境外的羁押期限可以折抵刑期。

十六、办理电信网络诈骗犯罪案件，应当充分贯彻宽严相济刑事政策。在侦查、审查起诉、审判过程中，应当全面收集证据、准确甄别犯罪嫌疑人、被告人在共同犯罪中的层级地位及作用大小，结合其认罪态度和悔罪表现，区别对待，宽严并用，科学量刑，确保罚当其罪。

对于电信网络诈骗犯罪集团、犯罪团伙的组织者、策划者、指挥者和骨干分子，以及利用未成年人、在校学生、老年人、残疾人实施电信网络诈骗的，依法从严惩处。

对于电信网络诈骗犯罪集团、犯罪团伙中的从犯，特别是其中参与时间相对较短、诈骗数额相对较低或者从事辅助性工作并领取少量报酬，以及初犯、偶犯、未成年人、在校学生等，应当综合考虑其在共同犯罪中的地位作用、社会危害程度、主观恶性、人身危险性、认罪悔罪表现等情节，可以依法从轻、减轻处罚。犯罪情节轻微的，可以依法不起诉或者免予刑事处罚；情节显著轻微危害不大的，不以犯罪论处。

十七、查扣的涉案账户内资金，应当优先返还被害人，如不足以全额返还的，应当按照比例返还。

最高人民法院、最高人民检察院、公安部关于办理信息网络犯罪案件适用刑事诉讼程序若干问题的意见

（2022 年 8 月 26 日　法发〔2022〕23 号）

为依法惩治信息网络犯罪活动，根据《中华人民共和国刑法》《中华人民共和国刑事诉讼法》以及有关法律、司法解释的规定，结合侦查、起诉、审判实践，现就办理此类案件适用刑事诉讼程序问题提出以下意见。

一、关于信息网络犯罪案件的范围

1. 本意见所称信息网络犯罪案件包括：

（1）危害计算机信息系统安全犯罪案件；

（2）拒不履行信息网络安全管理义务、非法利用信息网络、帮助信息网络犯罪活动的犯罪案件；

（3）主要行为通过信息网络实施的诈骗、赌博、侵犯公民

个人信息等其他犯罪案件。

二、关于信息网络犯罪案件的管辖

2. 信息网络犯罪案件由犯罪地公安机关立案侦查。必要时，可以由犯罪嫌疑人居住地公安机关立案侦查。

信息网络犯罪案件的犯罪地包括用于实施犯罪行为的网络服务使用的服务器所在地，网络服务提供者所在地，被侵害的信息网络系统及其管理者所在地，犯罪过程中犯罪嫌疑人、被害人或者其他涉案人员使用的信息网络系统所在地，被害人被侵害时所在地以及被害人财产遭受损失地等。

涉及多个环节的信息网络犯罪案件，犯罪嫌疑人为信息网络犯罪提供帮助的，其犯罪地、居住地或者被帮助对象的犯罪地公安机关可以立案侦查。

3. 有多个犯罪地的信息网络犯罪案件，由最初受理的公安机关或者主要犯罪地公安机关立案侦查。有争议的，按照有利于查清犯罪事实、有利于诉讼的原则，协商解决；经协商无法达成一致的，由共同上级公安机关指定有关公安机关立案侦查。需要提请批准逮捕、移送审查起诉、提起公诉的，由立案侦查的公安机关所在地的人民检察院、人民法院受理。

4. 具有下列情形之一的，公安机关、人民检察院、人民法院可以在其职责范围内并案处理：

（1）一人犯数罪的；

（2）共同犯罪的；

（3）共同犯罪的犯罪嫌疑人、被告人还实施其他犯罪的；

（4）多个犯罪嫌疑人、被告人实施的犯罪行为存在关联，并案处理有利于查明全部案件事实的。

对为信息网络犯罪提供程序开发、互联网接入、服务器托管、网络存储、通讯传输等技术支持，或者广告推广、支付结算等帮助，涉嫌犯罪的，可以依照第一款的规定并案侦查。

有关公安机关依照前两款规定并案侦查的案件，需要提请批准逮捕、移送审查起诉、提起公诉的，由该公安机关所在地的人民检察院、人民法院受理。

5. 并案侦查的共同犯罪或者关联犯罪案件，犯罪嫌疑人人数众多、案情复杂的，公安机关可以分案移送审查起诉。分案移送审查起诉的，应当对并案侦查的依据、分案移送审查起诉的理由作出说明。

对于前款规定的案件，人民检察院可以分案提起公诉，人民法院可以分案审理。

分案处理应当以有利于保障诉讼质量和效率为前提，并不得影响当事人质证权等诉讼权利的行使。

6. 依照前条规定分案处理，公安机关、人民检察院、人民法院在分案前有管辖权的，分案后对相关案件的管辖权不受影响。根据具体情况，分案处理的相关案件可以由不同审级的人民法院分别审理。

7. 对于共同犯罪或者已并案侦查的关联犯罪案件，部分犯罪嫌疑人未到案，但不影响对已到案共同犯罪或者关联犯罪的犯罪嫌疑人、被告人的犯罪事实认定的，可以先行追究已到案犯罪嫌疑人、被告人的刑事责任。之前未到案的犯罪嫌疑人、被告人归案后，可以由原办案机关所在地公安机关、人民检察院、人民法院管辖其所涉及的案件。

8. 对于具有特殊情况，跨省（自治区、直辖市）指定异地公安机关侦查更有利于查清犯罪事实、保证案件公正处理的重大信息网络犯罪案件，以及在境外实施的信息网络犯罪案件，公安部可以商最高人民检察院和最高人民法院指定侦查管辖。

9. 人民检察院对于审查起诉的案件，按照刑事诉讼法的管辖规定，认为应当由上级人民检察院或者同级其他人民检察院起诉的，应当将案件移送有管辖权的人民检察院，并通知移送起诉的公安机关。人民检察院认为需要依照刑事诉讼法的规定指定审判管辖的，应当协商同级人民法院办理指定管辖有关事宜。

10. 犯罪嫌疑人被多个公安机关立案侦查的，有关公安机关一般应当协商并案处理，并依法移送案件。协商不成的，可以报请共同上级公安机关指定管辖。

人民检察院对于审查起诉的案件，发现犯罪嫌疑人还有犯罪被异地公安机关立案侦查的，应当通知移送审查起诉的公安机关。

人民法院对于提起公诉的案件，发现被告人还有其他犯罪被审查起诉、立案侦查的，可以协商人民检察院、公安机关并案处理，但可能造成审判过分迟延的除外。决定对有关犯罪并案处理，符合《中华人民共和国刑事诉讼法》第二百零四条规定的，人民检察院可以建议人民法院延期审理。

三、关于信息网络犯罪案件的调查核实

11. 公安机关对接受的案件或者发现的犯罪线索，在审查中发现案件事实或者线索不明，需要经过调查才能够确认是否达到刑事立案标准的，经公安机关办案部门负责人批准，可以进行调查核实；经过调查核实达到刑事立案标准的，应当及时立案。

12. 调查核实过程中，可以采取询问、查询、勘验、检查、鉴定、调取证据材料等不限制被调查对象人身、财产权利的措施，不得对被调查对象采取强制措施，不得查封、扣押、冻结被调查对象的财产，不得采取技术侦查措施。

13. 公安机关在调查核实过程中依法收集的电子数据等材料，可以根据有关规定作为证据使用。

调查核实过程中收集的材料作为证据使用的，应当随案移送，并附批准调查核实的相关材料。

调查核实过程中收集的证据材料经查证属实，且收集程序符合有关要求的，可以作为定案依据。

四、关于信息网络犯罪案件的取证

14. 公安机关向网络服务提供者调取电子数据的，应当制作调取证据通知书，注明需要调取的电子数据的相关信息。调取证据通知书及相关法律文书可以采用数据电文形式。跨地域调取电子数据的，可以通过公安机关信息化系统传输相关数据电文。

网络服务提供者向公安机关提供电子数据的，可以采用数据电文形式。采用数据电文形式提供电子数据的，应当保证电子数据的完整性，并制作电子证明文件，载明调证法律文书编号、单位电子公章、完整性校验值等保护电子数据完整性方法的说明等信息。

数据电文形式的法律文书和电子证明文件，应当使用电子签名、数字水印等方式保证完整性。

15. 询（讯）问异地证人、被害人以及与案件有关联的犯罪嫌疑人的，可以由办案地公安机关通过远程网络视频等方式进行并制作笔录。

远程询（讯）问的，应当由协作地公安机关事先核实被询（讯）问人的身份。办案地公安机关应当将询（讯）问笔录传输至协作地公安机关。询（讯）问笔录经被询（讯）问人确认并逐页签名、捺指印后，由协作地公安机关协作人员签名或者盖章，并将原件提供给办案地公安机关。询（讯）问人员收到笔录后，应当在首页右上方写明“于某年某月某日收到”，并签名或者盖章。

远程询（讯）问的，应当对询（讯）问过程同步录音录像，并随案移送。

异地证人、被害人以及与案件有关联的犯罪嫌疑人亲笔书写证词、供词的，参照执行本条第二款规定。

16. 人民检察院依法自行侦查、补充侦查，或者人民法院调查核实相关证据的，适用本意见第14条、第15条的有关规定。

17. 对于依照本意见第14条的规定调取的电子数据，人民检察院、人民法院可以通过核验电子签名、数字水印、电子数据完整性校验值及调证法律文书编号是否与证明文件相一致等方式，对电子数据进行审查判断。

对调取的电子数据有疑问的，由公安机关、提供电子数据的网络服务提供者作出说明，或者由原调取机关补充收集相关证据。

五、关于信息网络犯罪案件的其他问题

18. 采取技术侦查措施收集的材料作为证据使用的，应当随案移送，并附采取技术侦查措施的法律文书、证据材料清单和有关说明材料。

移送采取技术侦查措施收集的视听资料、电子数据的，应当由两名以上侦查人员制作复制件，并附制作说明，写明原始证据材料、原始存储介质的存放地点等信息，由制作人签名，并加盖单位印章。

19. 采取技术侦查措施收集的证据材料，应当经过当庭出示、辨认、质证等法庭调查程序查证。

当庭调查技术侦查证据材料可能危及有关人员的人身安全，或者可能产生其他严重后果的，法庭应当采取不暴露有关人员身份和技术侦查措施使用的技术设备、技术方法等保护措施。必要时，审判人员可以在庭外对证据进行核实。

20. 办理信息网络犯罪案件，对于数量特别众多且具有同类性质、特征或者功能的物证、书证、证人证言、被害人陈述、视听资料、电子数据等证据材料，确因客观条件限制无法逐一收集的，应当按照一定比例或者数量选取证据，并对选取情况作出说明和论证。

人民检察院、人民法院应当重点审查取证方法、过程是否科学。经审查认为取证不科学的，应当由原取证机关作出补充说明或者重新取证。

人民检察院、人民法院应当结合其他证据材料，以及犯罪嫌疑人、被告人及其辩护人所提辩解、辩护意见，审查认定取得的证据。经审查，对相关事实不能排除合理怀疑的，应当作出有利于犯罪嫌疑人、被告人的认定。

21. 对于涉案人数特别众多的信息网络犯罪案件，确因客观条件限制无法收集证据逐一证明、逐人核实涉案账户的资金来源，但根据银行账户、非银行支付账户等交易记录和其他证据材料，足以认定有关账户主要用于接收、流转涉案资金的，可以按照该账户接收的资金数额认定犯罪数额，但犯罪嫌疑人、被告人能够作出合理说明的除外。案外人提出异议的，应当依法审查。

22. 办理信息网络犯罪案件，应当依法及时查封、扣押、冻结涉案财物，督促涉案人员退赃退赔，及时追赃挽损。

公安机关应当全面收集证明涉案财物性质、权属情况、依法应予追缴、没收或者责令退赔的证据材料，在移送审查起诉时随案移送并作出说明。其中，涉案财物需要返还被害人的，应当尽可能查明被害人损失情况。人民检察院应当对涉案财物的证据材料进行审查，在提起公诉时提出处理意见。人民法院应当依法作出判决，对涉案财物作出处理。

对应当返还被害人的合法财产，权属明确的，应当依法及时返还；权属不明的，应当在人民法院判决、裁定生效后，按比例返还被害人，但已获退赔的部分应予扣除。

23. 本意见自 2022 年 9 月 1 日起施行。《最高人民法院、最高人民检察院、公安部关于办理网络犯罪案件适用刑事诉讼程序若干问题的意见》（公通字〔2014〕10 号）同时废止。

中国银监会办公厅　公安部办公厅关于印发电信网络新型违法犯罪案件冻结资金返还若干规定实施细则的通知

（2016年12月2日　银监办发〔2016〕170号）

各银监局，各省、自治区、直辖市公安厅（局），新疆生产建设兵团公安局，各政策性银行、大型银行、股份制银行、邮储银行、外资银行：

根据国务院关于研究解决电信网络新型违法犯罪案件冻结资金及时返还问题的工作部署，为切实维护人民群众财产权益，进一步做好电信网络新型违法犯罪案件冻结资金返还工作，现将电信网络新型违法犯罪案件冻结资金返还若干规定实施细则印发给你们，请遵照执行。

电信网络新型违法犯罪案件冻结资金返还若干规定实施细则

第一条　根据《电信网络新型违法犯罪案件冻结资金返还若干规定》（以下简称《返还规定》）制定本实施细则（以下简称《实施细则》）。

第二条 《返还规定》目前仅适用于我国公安机关立案侦办的电信网络犯罪案件。外国通过有关国际条约、协议、规定的联系途径、外交途径，提出刑事司法协助请求的，由银监会和公安部批准后，可参照此规定执行。

第三条 《返还规定》第二条第二款所称的冻结资金不包括止付资金。

第四条 《返还规定》第五条第一款中的“真实有效的信息”，是指受害人应当提供本人有效身份证件、接受资金返还银行卡（卡状态为正常）原件及复印件，并在复印件上注明“此复印件由本人提供，经核对，与原件无误，此件只做冻结资金返还使用”。

第五条 被害人委托代理人办理资金返还手续时，委托代理人需提供本人有效身份证件、被害人有效证件以及被害人签名或盖章的授权委托书。

被害人为无民事行为能力或者限制民事行为能力的，由其监护人办理资金返还；被害人死亡的，由其继承人办理资金返还。被害人的监护人或继承人需提供相应证明文件。

第六条 《返还规定》第五条中的“公安机关”是指受理案件地公安机关。

第七条 受理地公安机关应当制作返还资金询问笔录，笔录中应详细记明被害人接收资金返还的银行账户、银行有无赔偿垫付等内容。告知被返还人应当承担的法律责任，对返还错误的款项应及时退回，如故意伪造证据材料或拒不归还的，将依法追究其法律责任。

第八条 《返还规定》第六条第一款中的“应当主动告知被害人”，是指受理案件地公安机关应当口头或书面告知被害人，告知应当包括以下内容：

（一）涉案资金的冻结情况；

（二）已冻结资金是否属于被害人，需公安机关进一步查证；

（三）资金返还工作一般在立案3个月后启动。

第九条 被害人原则上只能向受理案件地公安机关提出申请。《返还规定》第六条第二款中的“冻结公安机关或者受理案件地公安机关”是指“冻结公安机关和受理案件地公安机关为同一公安机关”情形。

第十条 《电信网络新型违法犯罪案件冻结资金返还申请表》应当一人一表、一卡（账户）一表，对多个申请人涉及一个账户或一个申请人涉及多个账户需要办理资金返还的，应当分别填表。

第十一条 《电信网络新型违法犯罪案件冻结资金返还申请表》中“返还银行账户”栏应当填写户名、账号、开户网点、所属银行。立案单位一栏中加盖的公章应与立案决定书的公章一致。冻结单位一栏中加盖的公章应与冻结通知书的公章一致。“冻结金额”栏应当填写返还金额。

第十二条 受理案件地公安机关与冻结公安机关不是同一机关的，由受理案件地公安机关负责核查各级转账资金流向，并负责制作《电信网络新型违法犯罪涉案资金流向表》（附件1）。

第十三条 《电信网络新型违法犯罪冻结资金返还决定书》应一式两份，一份由冻结地公安机关留存，一份交办理返还工作的银行。

第十四条 《呈请返还资金报告书》中“返还银行账号”栏应当填写户名、账号、开户网点、所属银行。“返还金额”栏金额应当用大写汉字填写（精确到分）。“审核意见”栏签字由冻结公安机关负责人审批并加盖单位公章；“领导批示”栏由设区的市一级以上公安机关负责人审批，并加盖公章。

第十五条 《返还规定》第六条第四款中的“移交”，是指受理案件地公安机关派2名民警持本人有效人民警察证，携带相关材料赴冻结地公安机关移交。移交证据材料时，除《返还规定》第六条第四款规定的材料外，还需出具冻结资金返还工作协作函（附件2）和涉案账户的交易流水明细（加盖公章）。冻结地公安机关收到材料后，应当填写回执交受理地公安机关。

第十六条 《返还规定》第六条第五款中的“如原银行账户无法接受返还”时，原则上应返还至本人的其他银行账户，如确需返还至非本人银行账户，需要由本人出具书面申请，详细说明原因、其与返还账户持有人的关系以及自愿要求返还至该账户的声明，并签字确认。

第十七条 按比例返还的，应当制作《按比例返还资金流向参照表》（附件3）。冻结公安机关通过其官方网站、微信公众号、官方微博、主流电视、广播、报纸等多种方式发出公告。已明确被害人的，冻结公安机关应当以电话、书面等形式通知所有被害人，并做好记录。

公告期间内被害人、其他利害关系人可就返还被冻结资金提出异议并提供相关证明材料，公安机关应当予以受理，制作书面记录并出具回执。公安机关应当对材料进行审核并作出异议是否成立的决定，同时通知被害人、其他利害关系人。异议成立的，公安机关应当中止冻结资金返还，重新确定返还比例。异议不成立或者公告期内被害人、其他利害关系人未提出异议的，公安机关应当按照原确定的比例返还被冻结资金。

第十八条 冻结资金返还的金额以冻结账户的实际到账金额为准。资金返还产生的手续费从返还金额中扣除。

第十九条 办理资金返还后账户仍有余额的，冻结地公安机关应当在冻结期满前办理续冻手续。

第二十条 被害人以现金通过自动柜员机或者柜台存入涉案账户内的，在返还资金时受理案件地公安机关除向冻结公安机关提供账户交易明细中的存款记录与被害人笔录外，还应当提供银行柜台、ATM 柜员机存（汇）款监控录像、存（汇）

款底单等材料。

第二十一条 《返还规定》第十条中“公安机关”是指冻结公安机关。

第二十二条 办理冻结资金返还时，由两名以上冻结公安机关办案人员持本人有效人民警察证、《电信网络新型违法犯罪冻结资金返还决定书》原件和《电信网络新型违法犯罪冻结资金协助返还通知书》原件前往冻结银行办理返还工作，商业银行对相关手续材料内容进行形式审查，并可留存《电信网络新型违法犯罪冻结资金返还决定书》复印件。冻结公安机关在办理冻结资金返还时，应同时告知所在地省级反诈骗中心。

第二十三条 《电信网络新型违法犯罪冻结资金协助返还通知书》中“类型”栏一般填写“银行存款”；“所在机构”、“户名或权利人”、“被冻结账号”栏均应填写被冻结账户的信息；“返还接受账号”栏应填写户名、账号、开户网点及所属银行；加盖公章应与原冻结通知书一致。

第二十四条 银行业金融机构应当指定各省的专门分支机构和人员，负责资金返还的办理工作（另件下发）。《返还规定》第十条中“冻结银行”指冻结账户的归属行在冻结地公安机关所在的省一级分支机构。如该银行在冻结地尚未设立分支机构的，冻结公安机关可就近选择该行公安机关所在地其他省一级分支机构办理。

第二十五条 冻结银行受理资金返还时，可以向冻结公安机关所在地的省级反诈骗中心（附件4）电话核实办案民警身份，并按照第二十二条、第二十三条规定，审核冻结公安机关提供的材料。身份有疑问或材料不齐全的，冻结银行有权拒绝办理资金返还工作。

第二十六条 资金返还时，冻结银行发现该冻结账户还有被其他司法部门冻结的，可暂停资金返还工作。协商一致同意并出具加盖司法部门公章函件后，方可启动资金返还工作。

第二十七条 银行业金融机构仅承担审核司法手续齐全性、完备性和核实民警身份的责任，不承担因执行公安机关返还通知书而产生的责任。

第二十八条 各级公安机关和银行业金融机构要认真贯彻落实《返还规定》，切实做好涉案冻结资金返还工作。银监会、公安部将对相关工作进行监督检查，对于不落实《返还规定》造成不良影响的，严肃追究责任，并进行通报。

第二十九条 本《实施细则》自印发之日起施行。

附录二

国家网信办曝光一批涉未成年人电信网络诈骗典型案例[①]

为贯彻落实习近平总书记关于打击治理电信网络诈骗犯罪工作的重要指示精神，针对暑假期间未成年人上网时间增多的情况，国家网信办会同公安部，深入清理网上涉诈有害信息，精准提示潜在受骗群众，从严从重打击不法分子，维护未成年人财产安全和身心健康。今年以来，已处置涉未成年人电信网络诈骗案件 1.2 万余起。

暑假期间，国家网信办反诈中心监测发现多起针对未成年人的电信网络诈骗事件。不法分子经常以加入“明星粉丝 QQ 群”为诱饵，声称完成任务可领取礼品或明星签名，诱导未成年人进行转账或刷单；有的宣称免费赠送游戏装备，再通过“激活费、认证费、验证费”骗取未成年人钱财，严重危害未成年人身心健康。

国家网信办有关负责同志表示，网站平台积极履行信息内

① 《国家网信办曝光一批涉未成年人电信网络诈骗典型案例》，载中共中央网络安全和信息化委员会办公室、中华人民共和国国家互联网信息办公室网站，http://www.cac.gov.cn/2022-08/08/c_1661598811963807.htm，2022 年 10 月 17 日访问。

容管理主体责任，在处置涉诈有害信息、整治电信网络诈骗方面发挥了作用。同时也要看到，一些网站平台还存在责任认识不到位、制度机制不完善等问题。QQ、快手等社交类平台、短视频平台要落实信息内容管理要求，持续排查处置涉诈信息、群圈、账号；建立完善账号监测预警机制，及时发现和处置异常账号，落实账号实名登记制度；建立完善涉诈举报机制，及时处置和反馈网民涉诈举报；对现有应用、业务、技术进行安全评估，对不符合要求的进行整改。对相关企业未履行风险控制责任致使群众受骗的，有关部门将依法追究责任。希望社会各界共同努力，积极引导未成年人，提高防范电信网络诈骗意识，不给犯罪分子可乘之机。

为提高人民群众特别是未成年人识骗防骗能力，现将部分典型案例通报如下（以下均为化名）：

一、2022 年 5 月，海南省吴某（12 岁）使用母亲手机登录某 QQ 群，看到有人免费发放游戏皮肤，随后吴某添加对方为 QQ 好友，微信扫描二维码领取皮肤。对方告诉吴某其账号存在非法领取行为，需联系后台工作人员处理，否则要赔付 10 万元，被判刑 1 年。吴某非常害怕，添加了对方另一个 QQ 账号，并按照对方语音提示，扫描二维码支付 6500 元，事后吴某母亲发现异常并报警。

二、2022 年 7 月，山西省黄某某（17 岁）在玩手机游戏时，网上有人表示要高价购买黄某某的游戏账号，随后双方添加为 QQ 好友。对方让黄某某登录一个叫“下芬购”的网站，称该网站为正规游戏交易平台，很多游戏玩家在此买卖账号。黄某某同意出售账号，但对方称用来购买账号的钱款被“下芬购”网站冻结，需出卖人黄某某充值进行交易确认，黄某某便在该网站充值 2 次共 3000 元，后发现对方的 QQ 联系不上，该网站也无法登录。

三、2022 年 5 月，广东省谭某某（15 岁）在玩手机游戏时，有人添加其为微信好友，并宣称可以帮其解除未成年人手机游戏的时间限制。谭某某信以为真，并依照对方的视频指导，偷偷使用家长手机先后 3 次扫码支付，合计被骗 3800 元。

四、2022 年 3 月，重庆市马某某（12 岁）在快手刷短视频时，看到免费领取游戏装备的信息，便根据指示加入某 QQ 群，在客服引导下领取游戏装备。随后客服以账号被冻结为由，要求马某某转账进行账号解封。马某某先后转账 5 笔共计 4300 元，事后发现被骗。

五、2022 年 6 月，河南省王某（11 岁）在某粉丝 QQ 群看到推送信息称，进入某 QQ 群可以免费抽奖和领红包，王某便申请加入了该 QQ 群。不久群里的“工作人员”告诉王某，其被公司抽中一等奖，奖金 6000 元，并获得某明星签名。根据“工作人员”指示，王某在该 QQ 群里先后发红包 8 次，合计被骗 5000 余元。

六、2021 年 4 月，湖北省朱某（14 岁）被朋友拉入了一个QQ群，群里通知可以投票获得返现。朱某扫描对方二维码后，被要求输入代码88.8，朱某输入后发现手机被扣款88.8元，且无返现通道。随后对方添加朱某为QQ好友称，因朱某转账为未成年人转账，导致公司账户被冻结，必须按要求操作才能解除冻结，否则将通过法院传唤其父母，并要求朱某操作解冻时不得让父母发现。朱某按对方要求出示了父母的付款码，被对方扣款12600元。

七、2022年2月，陕西省秦某（14岁）经朋友推荐加入某“QQ追星粉丝群”，通过群内管理员介绍参加刷单返利活动。秦某扫码进行刷单操作后，管理员以秦某为未成年人为由，要求进行身份审查，并缴纳8000元的审查保证金。秦某便用其母亲账号扫码支付，事后发现被骗。

国家网信办曝光一批电信网络诈骗典型案例①

为贯彻落实习近平总书记关于打击治理电信网络诈骗犯罪工作的重要指示精神，切实保障人民群众财产安全，国家网信办会同公安部等有关部门，深入整治电信网络新型违法犯罪，

① 《国家网信办曝光一批电信网络诈骗典型案例》，载中共中央网络安全和信息化委员会办公室、中华人民共和国国家互联网信息办公室网站，http：//www.cac.gov.cn/2022-04/14/c_1651546285887220.htm，2022年10月17日访问。

建设国家涉诈黑样本库，建立互联网预警劝阻平台，精准提示潜在受害人，维护人民群众切身利益。今年以来，国家网信办反诈中心排查打击涉诈网址 87.8 万个、APP7.3 万个、跨境电话 7.5 万个，并纳入国家涉诈黑样本库。目前，国家涉诈黑样本库已涵盖并处置涉诈网址 318.7 万个、APP46.9 万个、跨境电话 39.7 万个，互联网预警劝阻平台预警超 6 亿人次。为提高人民群众防骗意识和识骗能力，现将部分典型案例通报如下：

一、2022 年 2 月，江西省某市受害人洪某某下载了一款名为“京东 . J. R”的仿冒 APP，受到“额度高”“利息低”等表述诱导，注册账户并申请贷款。平台谎称其账号异常，需转账到所谓的“银保监会账户”进行验证，洪某某先后多次转账，合计被骗 5 万元。

二、2021 年 8 月，江苏省某市方某某下载了“阿聊”APP 和“汇龙支付”APP，参加所谓的“高额”任务返现活动。平台以连单任务、信誉不足为由让方某某先充钱再重启任务，方某某累计被骗 11 万元。

三、2021 年 11 月，四川省某市张某某接到谎称某电商的客服电话 075 × × ×384，称张某某购买的尿不湿因质量问题可申请退款。张某某未通过官方渠道核实对方信息，按照对方指示进行转账操作，合计被骗 7.5 万元。

四、2021 年 6 月，诈骗分子冒充浙江省某市派出所民警，联系郭某称其已涉嫌诈骗被立案，并要求郭某登录仿冒的某公安局官网查看立案信息，将资金转移到“安全账户”。郭某按照诈骗分子要求转账，合计被骗50余万元。

五、2022年2月，河北省某市受害人胡某看到炒股广告，下载“平安证券”仿冒APP进行相关投资操作，开始投入小金额盈利并提现成功，遂加大投资金额，最后提现失败，合计被骗50万元。

六、2022年1月，湖北省某市张某某接到陌生电话，对方自称是某平台客服，能准确说出张某某个人信息，并表示要帮张某某消除“校园贷”记录，否则会影响个人征信。张某某按照对方要求向多个网贷平台借款，并分别转到对方提供的账户，合计损失6万元。

国家网信办有关负责同志表示，近年来，利用APP进行诈骗已成为电信网络诈骗案件的主要犯罪手段之一，约占整体案发量的六成。其中，网络兼职刷单、快速贷款等诈骗APP较多，特别是有一些仿冒各大银行和金融平台的APP具有较大迷惑性和欺骗性，广大人民群众需提高防范意识。

国家网信办有关负责同志强调，各类网站平台特别是具有社交属性的相关平台要严格落实企业责任，加强涉诈信息处置，坚决把好第一道关。手机厂商、安全厂商、浏览器厂商等要积极接入互联网预警劝阻平台，应接尽接、不留死角，织密预警劝阻网络，履行企业社会责任，为打击治理电信网络诈骗犯罪贡献力量。

图书在版编目（CIP）数据

反电信网络诈骗法案例指引 / 中国法制出版社编
. —北京：中国法制出版社，2022. 11
ISBN 978 – 7 – 5216 – 2851 – 7

Ⅰ. ①反… Ⅱ. ①中… Ⅲ. ①电信—诈骗—预防犯罪—法规—案例—中国②互联网络—诈骗—预防犯罪—法规—案例—中国 Ⅳ. ①D924. 334

中国版本图书馆 CIP 数据核字（2022）第 158412 号

责任编辑：谢雯　　封面设计：杨泽江

反电信网络诈骗法案例指引

FANDIANXIN WANGLUO ZHAPIANFA ANLI ZHIYIN

编者/中国法制出版社
经销/新华书店
印刷/三河市紫恒印装有限公司
开本/880 毫米×1230 毫米　32 开　　印张/ 6. 5　字数/ 107 千
版次/2022 年 11 月第 1 版　　2022 年 11 月第 1 次印刷

中国法制出版社出版
书号 ISBN 978 – 7 – 5216 – 2851 – 7　　定价：29. 00 元

北京市西城区西便门西里甲 16 号西便门办公区
邮政编码：100053　　传真：010 – 63141600
网址：http：//www. zgfzs. com　　编辑部电话：010 – 63141792
市场营销部电话：010 – 63141612　　印务部电话：010 – 63141606

（如有印装质量问题，请与本社印务部联系。）